초등학생이 잘못 알고 있는
오誤개념 바로잡기

거꾸로 사회 ①

글 김영주·김종훈·민윤·이준혁·장혜정
감수 남상준

아울북

사회 오개념! 계속 가지고 있어도 될까요?

- 인터넷 정보는 모두 옳다.
- 3세대 가정은 모두 대가족이다.
- 경제 활동은 어른들만 한다.
- 대한민국 국민이라면 누구나 대통령 선거에 참여할 수 있다.
- 지도는 방위만 알면 제대로 읽을 수 있다.
- 오래된 물건은 모두 문화재다.

위의 내용은 초등학생들이 사회과에서 흔히 가지는 생각입니다. 학생들은 수업에서 배우는 내용에 대해 자기의 경험과 지식 수준에 따라 개념을 형성하고 이를 적용하여 이해합니다. 초등학생들은 성인에 비해 사회 경험적 지식이 적고, 배경지식도 부족하기 때문에 많은 오개념을 가지게 됩니다.

개념이란? 오개념이란?

개념이란 사회적 사상이나 사실에 대한 지식이나 의견, 견해에 대해 사회적으로 인정이 된 특징이나 성질을 말합니다. 개념은 사회적이고 객관적인 성격을 갖습니다. 학생들이 학교 수업에서 배우게 되는 사회과 교과서 속에 여러 개념들은 대체로 사회적으로 합의된 것으로 비교적 객관적인 진리에 가깝습니다.

그렇다면 오개념이란 무슨 뜻일까요? 사실 우리는 오개념이란 말을 올바른 개념의 반대인 틀린 개념이나 잘못된 개념이라는 의미로만 생각하는 경향이 있지만, 다른 측면에서 보면 그렇지도 않습니다. 오개념은 대체로 사회 속에서 일어나는 현상을 개념화하거나, 개념적으로 정의된 지식을 사회 현상에 그대로 적용하려고 할 때 생기는 '오류'입니다.

학생들은 자기의 수준과 경험에 따라 개념을 형성하고 이를 적용합니다. 예를 들어 어떤 학생이 앞에 놓여 있는 인형을 보고 그릴 때, 연필로 인형을 그린다면 색깔이 없는 무채색으로 그리게 됩니다. 하지만 여러 가지 색깔의 펜을 가지고 그린다면 몇 가지 색의 펜을 가지고 있느냐에 따라 인형의 그림은 더욱 다양해질 수 있습니다. 물론 여러 가지 색의 펜을 사용한다고 해도 실제 인형과 완전히 똑같을 수는 없습니다. 마찬가지로 학생들이 가지고 있는 개념은 어떤 것이든지 다른 측면에서 보면 나름의 오류를 가지고 있을 수 밖에 없습니다.

왜 오개념을 갖게 될까요?

그럼 학생들이 사회과에서 오개념을 가지게 되는 이유는 무엇 때문일까요? 오개념을 갖게 되는 이유를 몇 가지로 생각해 볼 수 있습니다.

첫째, 사회 현상은 복합적이고 다면적인데 반해 학생들은 이를 지나치게 단순화하기 때문에 생깁니다.

둘째, 사회적 경험이 적은 학생들이 자기의 수준과 경험에 의존해 편견과 선입견을 가지고 개념을 적용하기 때문에 생깁니다.

셋째, 일상생활에서 사용하는 용어와 사회과에서 사용하는 용어의 의미가 달라서 생깁니다.

어떻게 오개념을 극복할 수 있을까요?

이 책은 사회과와 관련하여 학생들이 가질 수 있는 오개념을 제시하며, 오류를 해결하기 위한 적절한 자료를 제시합니다. 이 자료를 통해 자신이 가지고 있는 오개념을 확인하고, 기존의 개념보다 더 정확한 개념을 가질 수 있습니다.

또 이 책은 이렇게 학생들이 자신이 가지고 있는 오개념을 보다 엄밀하고 적절한 개념으로 수정하고, 개념을 좀더 완전하게 가지게 도와줍니다. 이 책을 통해 일반적으로 사회과에서 가질 수 있는 오개념을 바로 잡는 계기가 되었으면 합니다.

2016년 4월
김영주, 김종훈, 민윤, 이준혁, 장혜정

오개념
쉽게 빠지는 오개념 주제예요.

오개념 탈출
오개념에 빠진 이유를 하나씩 짚어가며 설명해 줘요.

오개념에 빠지는 상황을 재미있는 이야기와 삽화를 통해 쉽게 도입하고 있어요.

아하! 개념
탈출한 오개념을 정리해요.

내가 생각하고 있는 개념이 왜 틀렸는지 스스로 질문을 던져봐요.

오개념 체크 리스트

각 영역별 표제어에 해당하는 간단한 체크 문항이에요. 평소에 얼마나 바른 개념을 가지고 있는지 확인함으로써 스스로 오개념을 체크해요.

용어 찾아보기

초등학교 교과서에 나오는 핵심 용어가 포함된 페이지를 쉽고 빠르게 찾을 수 있어요.

교과 관련 찾아보기

각 오개념의 표제어가 교과 과정의 어떤 단원과 연결되어 있는지 한눈에 볼 수 있어요.

이 책의 차례

저자의 글 **2**
이 책의 구성 및 특징 **4**
오개념 체크 리스트 **10**

사회 문화

오개념 01 | 인터넷 정보는 모두 옳다(X) **16**
오개념 02 | 도표는 통계표의 줄임말이다(X) **18**
오개념 03 | 군대는 남자만 가는 곳이다(X) **20**
오개념 04 | 3세대 가정은 모두 대가족이다(X) **22**
오개념 05 | 옛날 사람들에 비해 오늘날 사람들은 예의가 없다(X) **24**
오개념 06 | 계는 요즘 유행하는 모임 형태이다(X) **26**
오개념 07 | 오래 된 것은 모두 전통문화이다(X) **28**
오개념 08 | 민속놀이는 옛날 어린이가 했던 놀이이다(X) **30**
오개념 09 | 춤추고 노래하는 것은 노동이 아니다(X) **32**
오개념 10 | 노는 게 여가 생활이다(X) **34**
오개념 11 | 옛날 사람들은 여가 생활을 하지 않았다(X) **36**
오개념 12 | 옛날 생활 도구는 오늘날 생활 도구보다 모두 나쁘다(X) **38**
오개념 13 | 증기 기관차는 조선 시대에도 있었다(X) **40**
오개념 14 | 옛날에는 과학이 발달하지 않아 소식을 주고받지 못했다(X) **42**
오개념 15 | 어느 고장에나 전통 문화 축제가 꼭 있다(X) **44**
오개념 16 | 우리가 살아가는 데에는 의식주 중 하나만 있어도 된다(X) **46**

경제

오개념 17 | 경제 활동은 어른들만 한다(X) 50

오개념 18 | 인터넷 쇼핑몰은 시장이 아니다(X) 54

오개념 19 | 물건의 가격이 오르면 판매자는 더 많은 수입을 얻을 수 있다(X) 56

오개념 20 | 돈을 만든 건 부자가 되기 위해서였다(X) 58

오개념 21 | 돈의 가치는 변하지 않는다(X) 60

오개념 22 | 물건은 어느 곳에서나 같은 가격에 판매해야 한다(X) 62

오개념 23 | 나누어 일하는 것보다 각자 일하는 것이 더 효과적이다(X) 64

오개념 24 | 회사에 다녀야만 소득을 얻을 수 있다(X) 66

오개념 25 | 돈을 얻기 위해 하는 일은 모두 직업이다(X) 68

오개념 26 | 가지고 있는 돈을 모두 저축하는 것이 합리적이다(X) 70

오개념 27 | 돈을 저축할 때와 빌릴 때의 이자는 같다(X) 72

오개념 28 | 어린이들은 세금을 내지 않는다(X) 74

정치

오개념 29 | 대한민국 국민이라면 누구나 대통령 선거에 참여할 수 있다(X) **78**
오개념 30 | 시민 단체는 정부의 정책을 방해만 한다(X) **80**
오개념 31 | 우리 고장은 대통령이 직접 다스린다(X) **82**
오개념 32 | 시청과 시의회에서는 같은 일을 한다(X) **84**
오개념 33 | 헌법은 우리 생활과 관련이 적다(X) **86**
오개념 34 | 민주주의에서는 다수의 의견을 반드시 따른다(X) **88**
오개념 35 | 공공 기관은 어른들만 이용하는 곳이다(X) **90**
오개념 36 | 규범은 사람들의 자유를 제한하기만 한다(X) **92**
오개념 37 | 나라의 정책을 항상 잘 따르는 사람이 시민 의식이 높다(X) **94**
오개념 38 | 민주주의가 발달할수록 지역 사회 문제가 적다(X) **96**

지리

오개념 39 | 지도는 그림이다(X) **100**
오개념 40 | 지도는 방위만 알면 제대로 읽을 수 있다(X) **102**
오개념 41 | 계절별, 지역별로 모두 같은 자연재해가 일어난다(X) **104**
오개념 42 | 날씨와 기후는 같은 말이다(X) **106**
오개념 43 | 계절이 바뀌어도 생활 모습은 바뀌지 않는다(X) **108**
오개념 44 | 인간은 자연을 극복할 수 없다(X) **110**
오개념 45 | 다른 나라의 환경 문제는 우리나라와 상관없다(X) **112**
오개념 46 | 우리나라 지형은 서쪽이 높고 동쪽이 낮다(X) **114**
오개념 47 | 자연환경이 달라도 사람들의 생활 모습은 모두 같다(X) **116**
오개념 48 | 우리나라의 인구는 앞으로도 계속 증가할 것이다(X) **118**
오개념 49 | 도시는 모든 면에서 촌락보다 뛰어나다(X) **120**

역사

오개념 50 | 곰은 우리의 조상이다(X) **124**
오개념 51 | 오래된 물건은 모두 문화재다(X) **126**
오개념 52 | 우리나라 황제는 왕보다 높다(X) **128**
오개념 53 | 가장 오랫동안 우리나라의 도읍지였던 곳은 서울이다(X) **130**
오개념 54 | 마패는 암행어사만 사용할 수 있었다(X) **132**

용어 찾아보기 **134**
교과 관련 찾아보기 **136**
오개념 체크 리스트 정답과 해설 **139**

사회 문화

| | 예 | 아니오 |
01 인터넷 정보를 찾을 때는 사실인지 꼭 확인해야 해. ☐ ☐
02 통계표를 보기 쉽게 나타낸 것이 도표야. ☐ ☐
03 우리나라 여자들은 군대에 갈 수 없어. ☐ ☐
04 3세대 가정은 모두 대가족이야. ☐ ☐
05 시대와 상황이 변해도 예절은 변하지 않아. ☐ ☐
06 오늘날 사람들은 옛날 사람보다 예의가 없어. ☐ ☐
07 계는 오늘날 생겨난 모임이야. ☐ ☐
08 오래된 것은 모두 전통문화라고 할 수 있어. ☐ ☐
09 전통문화 중에는 오래되지 않은 것도 포함될 수 있어. ☐ ☐
10 민속놀이는 옛날에 어린이들만 했어. ☐ ☐
11 민속놀이는 지금은 하지 않아. ☐ ☐
12 춤을 추고, 노래를 하는 것도 노동이라고 할 수 있어. ☐ ☐
13 무조건 노는 것을 여가 생활이라고 할 수 있어. ☐ ☐
14 여가 생활을 즐겁게 하면 새로운 마음으로 일을 할 수 있게 돼. ☐ ☐
15 옛날에는 여가 생활이 없었어. ☐ ☐
16 우리 조상들은 풍년 기원과 마을의 안녕을 위해 여가 생활을 했어. ☐ ☐
17 오늘날의 도구는 옛날 도구의 원리와 비슷한 것이 있어. ☐ ☐
18 증기 기관차가 만들어진 것은 약 200년 전이야. ☐ ☐
19 옛날에는 과학이 발달하지 않아 소식을 주고 받지 못했어. ☐ ☐
20 어느 고장에나 전통 문화 축제가 하나씩은 꼭 있어. ☐ ☐
21 사람이 살아가는 데 의식주 중 하나쯤은 없어도 돼. ☐ ☐

경제

예 아니오

22 어린이들은 경제 활동을 하지 않아. □ □
23 경제 활동에는 생산 활동, 소비 활동, 분배 활동이 포함 돼. □ □
24 서비스를 제공하는 활동도 생산 활동이야. □ □
25 인터넷 쇼핑몰은 시장이 아니야. □ □
26 물건의 가격이 오르면 판매자는 돈을 더 많이 벌 수 있어. □ □
27 돈만 많으면 부자가 될 수 있어. □ □
28 돈은 편리한 경제 활동을 하기 위해 생겨난 것이야. □ □
29 돈의 가치는 커질 수도 있고, 작아질 수도 있어. □ □
30 물건은 어느 곳에서나 같은 가격에 판매되어야 해. □ □
31 유통 단계는 물건의 가격에 영향을 미치지 않아. □ □
32 나누어 일하는 것보다 각자 일하는 것이 더 효과적이야. □ □
33 분업이 이루어지기 시작하면서 직업이 생겨나기 시작했어. □ □
34 소득은 생산 활동과 관계가 있어. □ □
35 소득을 얻는 방법에는 근로 소득과 사업 소득 밖에 없어. □ □
36 저축은 무조건 많이 할수록 좋아. □ □
37 저축을 너무 많이 하면 소비가 줄어들어 경제가 어려워질 수 있어. □ □
38 돈을 저축할 때의 이자와 돈을 빌릴 때의 이자는 같아. □ □
39 돈을 빌리기 어려워지면 이자는 올라가. □ □
40 돈을 빌리기 쉬워지면 이자는 올라가. □ □
41 어린이들은 세금을 내지 않아. □ □
42 우리가 사는 물건에는 부가 가치세라는 세금이 포함되어 있어. □ □

정치

예 아니오

43 대한민국 국민이라면 누구나 대통령 선거에 참가할 수 있어. □ □
44 우리나라에서는 만 19세의 모든 국민은 투표를 할 수 있어. □ □
45 시민 단체는 정부의 정책에 반대만 해. □ □
46 시민 단체는 정부가 정책을 실행할 때 더 나은 결정을 할 수 있게 해. □ □
47 우리 고장은 대통령이 직접 다스려. □ □
48 각 지방에서 일어나는 일은 그 지방에서 직접 처리해. □ □
49 시청과 시의회는 같은 일을 해. □ □
50 시청과 시의회의 관계는 정부와 국회의 관계와 비슷해. □ □
51 헌법은 우리 생활과 큰 상관이 없어. □ □
52 헌법에는 기본권이 보장되어 있어. □ □
53 민주주의에서 결정을 내릴 때 가장 좋은 방법은 다수결의 원칙이야. □ □
54 다수결의 원칙이 중요하기 때문에 소수의 의견은 존중하지 않아도 돼. □ □
55 공공 기관은 어린이들이 이용할 일이 없어. □ □
56 공공 기관은 일반 시민들이 바라는 것을 돕기 때문에 없어서는 안돼. □ □
57 사회 규범의 종류에는 법, 관습, 도덕이 있어. □ □
58 사회 규범은 모두 강제적이지 않고, 모두 자율적이야. □ □
59 나라의 정책을 모두 잘 따르면 당연히 시민 의식이 높아. □ □
60 시위나 집회를 하는 사람들은 민주 의식이 낮기 때문이야. □ □
61 민주주의가 발달한 나라에서는 지역 이기주의가 나타나지 않아. □ □
62 지역 사회의 문제는 대화와 타협을 통해 해결해야 해. □ □

지리

예 아니오

63 지도는 그림과 같다고 보면 돼. ☐ ☐
64 지도는 방위만 알면 제대로 읽을 수 있어. ☐ ☐
65 지도를 잘 읽으려면 방위 외에도 축척, 등고선, 기호 등을 알아야 해. ☐ ☐
66 우리나라에서는 계절별, 지역별로 같은 자연재해만 일어나. ☐ ☐
67 날씨와 기후는 같은 말이야. ☐ ☐
68 계절마다 나타나는 생활 모습은 달라. ☐ ☐
69 인간은 자연과 관련 없이 살아갈 수 있어. ☐ ☐
70 다른 나라의 환경 문제는 우리나라에 아무런 영향을 주지 않아. ☐ ☐
71 우리나라는 동쪽이 낮고 서쪽이 높은 지형이야. ☐ ☐
72 우리나라는 크게 북부, 중부, 남부 지방으로 나눌 수 있어. ☐ ☐
73 지형에 따라 생활 모습이 다르게 나타나. ☐ ☐
74 우리나라의 인구는 계속 증가할 거야. ☐ ☐
75 도시는 촌락보다 좋은 점만 있어. ☐ ☐

역사

76 곰이 사람이 된 것은 건국 신화일 뿐이야. ☐ ☐
77 보존될 만한 가치가 없어도 오래되기만 하면 문화재라고 할 수 있어. ☐ ☐
78 '황제'라는 호칭이 '왕'이라는 호칭보다 높다고 볼 수 있어. ☐ ☐
79 서울은 우리나라의 가장 오래된 도읍지야. ☐ ☐
80 암행어사들만 마패를 가지고 다닐 수 있었어. ☐ ☐
81 마패에 새겨진 말의 숫자는 관리의 등급에 따라 달랐어. ☐ ☐

오개념 01 | 인터넷 정보는 모두 옳다(X)

오개념 02 | 도표는 통계표의 줄임말이다(X)

오개념 03 | 군대는 남자만 가는 곳이다(X)

오개념 04 | 3세대 가정은 모두 대가족이다(X)

오개념 05 | 옛날 사람들에 비해 오늘날 사람들은 예의가 없다(X)

오개념 06 | 계는 요즘 유행하는 모임 형태이다(X)

오개념 07 | 오래 된 것은 모두 전통 문화이다(X)

오개념 08 | 민속놀이는 옛날 어린이가 했던 놀이이다(X)

오개념 09 | 춤추고 노래하는 것은 노동이 아니다(X)

오개념 10 | 노는 게 여가 생활이다(X)

오개념 11 | 옛날 사람들은 여가 생활을 하지 않았다(X)

오개념 12 | 옛날 생활 도구는 오늘날 생활 도구보다 모두 나쁘다(X)

오개념 13 | 증기 기관차는 조선 시대에도 있었다(X)

오개념 14 | 옛날에는 과학이 발달하지 않아 소식을 주고받지 못했다(X)

오개념 15 | 어느 고장에나 전통 문화 축제가 꼭 있다(X)

오개념 16 | 우리가 살아가는 데에는 의식주 중 하나만 있어도 된다(X)

1 인터넷 정보는 모두 옳다 (X)

궁금하다! 궁금해!

- 인터넷을 이용하면 모든 것이 쉽고 편리하기만 할까?
- 인터넷에 있는 정보들은 모두 믿을 만한 것일까?

평소에는 나에게 까불기도 하고, 은근슬쩍 무시하기도 하는 내 동생! 하지만 어려운 숙제만 나오면 내 앞에 무릎을 꿇지. 내가 좀 똑똑한 편이라 동생의 숙제를 거침없이 해결해 주거든. 오늘 동생의 알림장에는 이렇게 쓰여 있었어.

'안중근 의사에 대해 조사해 오기'

뭐, 그다지 어렵지 않은 숙제더라고. 난 인터넷 검색창에 '안중근'이라고 썼어. 수백 개의 자료가 한눈에 알아볼 수 있도록 좌르륵 뜨더군. 그 중에 가장 알맞은 것을 골라 클릭!

클릭한 내용에는 이렇게 쓰여 있었어. '안중근 의사는 일제 시대 때 수술을 가장 잘 했던 의사로, 전국에 그 이름이 널리 알려진 분이시다.' 그런데 이게 맞는 말이야? 어째 내가 알고 있는 것이랑 좀 틀린 것 같기도 하고….

오개념 탈출 인터넷 정보의 활용

인터넷 정보가 모두 옳은 건 아냐.

　선생님께서 내 주신 숙제를 할 때, 인터넷을 이용하면 편리할 때가 많아. 인터넷에는 내가 궁금해 하는 걸 콕콕 짚어 주는 댓글들이 많으니까!

　그런데 인터넷에 있는 답변들이 모두 옳은 내용일까? 그렇지 않아. 물론 인터넷에 있는 답변들 중에는 정확한 사실에 바탕을 두고 잘 정리한 것들도 많지만, 사실을 확인하지 않고 올리거나, 사실을 잘못 알고 올리는 경우도 있거든.

　또 내 질문에 대한 답을 담고 있는 댓글들을 조사하다 보면, 한 사람의 글을 이 사람 저 사람이 옮겨 적어 놓은 경우를 본 적이 있을 거야. 우리가 이해하기 어려운 내용들이나 잘 모르는 내용도 함께 올라와 있어서 무슨 말을 하는 건지 도대체 이해가 안 되는 경우도 있고 말이야.

인터넷에서 찾은 정보라도 책을 통해 사실을 확인하는 것이 좋아.

　책을 읽으면 쉽게 이해되고 정리할 수 있는 것도 인터넷 자료를 찾아서 읽다 보면 오히려 정리가 잘 되지 않고 이해가 더 안 될 때도 있다는 건 아니? 우리가 인터넷에 올라온 글들을 잘 골라 낼 수 있어야 하는데, 그러기에는 우리가 아직 어리기 때문에 이해하는 능력이 부족하기 때문이야. 또 아는 지식이 너무 적어 옳은 정보와 잘못된 정보를 구분할 수 있는 힘도 작지.

　그러니까 모르는 문제가 생기면 일단 인터넷에서 찾아보는 것도 좋지만 웃어른들께 여쭈어 보거나 관련 책들을 같이 읽어 보는 습관을 가져야 해. 그렇게 하면 너희들도 다른 친구의 질문에 올바른 댓글을 달아줄 수 있는 답변의 달인이 될 수 있을 거야.

아하! 개념

- 인터넷에서 정보를 찾을 때는 사실에 바탕을 둔 것인지 꼭 확인해야 한다.
- 인터넷 외에 책에서 정보를 찾는 습관을 들이는 것도 중요하다.

2 도표는 통계표의 줄임말이다 (X)

궁금하다! 궁금해!

- 통계표와 도표는 무엇을 의미하는 것일까?
- 통계표와 도표는 같은 걸까?

얼마 전 중간고사 기간에 사회 시험을 봤어. 선생님께서는 우리 반 아이들이 사회 시험을 어떻게 보았는지 궁금하시다면서 통계표와 도표를 이용해 사회 성적을 알아보자고 하셨어.

참 이상한 일이야. 성적을 알아보시려면 그냥 1번부터 32번까지 한 명 한 명 사회 시험에서 몇 점을 받았는지 물어 보시면 되는 거 아냐? 이렇게 간단한 걸 가지고 왜 선생님께선 통계표인지, 도표인지 듣기만 해도 헷갈리는 것들을 사용하시려는 걸까?

그리고 도대체 통계표는 뭐고 도표는 뭘까? 내가 듣기엔 둘 다 '표'로 끝나니까 같은 말 같기도 해. 너희들은 이 두 가지가 뭘 의미하는지, 또 어떻게 다른지 알고 있니?

오개념 탈출 - 통계표와 도표

통계표를 보기 쉽게 나타낸 것이 도표야.

통계표는 복잡한 통계 자료를 한눈에 알아 볼 수 있게 정리해서 간단하게 표로 만들어 놓은 거야. 그리고 이런 통계표를 보기 쉽게 그림, 선, 원 등으로 나타낸 게 도표지. 도표는 그래프라고도 불러.

도표의 종류는 아주 다양해. 그 중 몇 개를 골라 읽는 방법을 알아볼까? 막대그래프는 막대의 길이가 길수록, 원그래프는 원에서 차지하는 넓이가 넓을수록 많은 수를 나타내는 거야.

통계 자료

1번	75점	17번	50점
2번	95점	18번	70점
3번	60점	19번	90점
4번	100점	20번	75점
5번	80점	21번	85점

통계표

50~69점	3명
70~79점	8명
80~89점	16명
90~100점	5명

도표(원그래프)
- 50~59점 7%
- 90~100점 18%
- 80~89점 50%
- 70~79점 25%

통계표와 도표를 사용하면 아주 편리해.

통계표를 사용하면 조사하려는 주제의 정확한 수치를 쉽게 알 수 있을뿐 아니라 전체 합계도 한눈에 알 수 있어. 반면 도표를 사용하면 정확한 수치를 알기는 어렵지만 복잡한 통계 자료를 한눈에 쉽게 알아볼 수 있고, 말로 설명하는 것보다 훨씬 이해하기 좋아.

그럼 도표 만드는 방법도 알아볼까? 막대그래프 그리는 방법을 예로 들어 볼게.
① 먼저 가로선과 세로선을 그리고, 일정한 간격으로 나눈다.
② 가로선에는 항목을, 세로선에는 수치를 쓴다.
③ 해당하는 항목에 수치만큼 막대를 그린다.
④ 도표가 완성되면 제목을 붙인다.

아하! 개념
- 통계표는 조사한 내용이나 통계 자료를 표로 정리한 것이다.
- 도표는 통계표의 내용을 시각적으로 보기 좋게 나타낸 것이다.

군대는 남자만 가는 곳이다 (X)

궁금하다! 궁금해!

- 군대는 남자들만 가는 곳일까?
- 우리나라에 여군이 있을까?
- 다른 나라의 군대는 어떨까?

   좋아하는 스타를 따라 군대에 가고 싶은데 여자라 군대에 갈 수 없으니 안타까울 뿐이라고? 다른 여자 친구들과는 달리 운동 신경도 뛰어나고 총싸움, 칼싸움을 너무 잘 해 군인이 딱 내 적성인데, 여자라서 군대에 갈 수 없어 적성을 살리지 못하는 것 같다고?

   우리나라 군대는 남자들만 있고 여자는 한 명도 없는 그런 곳이라고 생각하는 친구들도 있을 거야. 요즘은 여자들 중에도 군대에 가고 싶어하는 친구들도 꽤 있는데, 그런 친구들에게 대한민국은 아무런 기회도 주지 않는 나라라고 생각하는 친구들도 있을 거고…. 그런데 정말 그럴까? 우리 함께 알아보자.

오개념 탈출 — 우리나라의 군대

여자도 군대에 갈 수 있어.

우리나라 국민이라면 누구나 지켜야 하는 '4대 의무'라는 것이 있어. 정직하게 세금을 내야 하는 납세의 의무, 열심히 일해야 하는 근로의 의무, 자녀를 낳았을 때 그 자녀를 교육시켜야 하는 교육의 의무가 있어. 그럼 나머지 하나는 뭔지 아니?

바로 국방의 의무야. 적이 쳐들어 왔을 때 우리나라를 안전하게 지켜야 하는 의무를 말하지. 우리나라는 6·25 전쟁 이후 북한과 오랫동안 적대 관계에 있기 때문에 국방의 의무는 특히 중요하다고 할 수 있어. 그래서 우리나라의 모든 남자들은 특별한 이유를 제외하고는 군대에 가야만 해.

그래서 군대라는 곳은 거의 남자들만 있는 곳이었어. 여자들은 부상자를 치료하기 위한 간호 장교 정도만 있었지. 하지만 지금은 달라. 시대가 변하면서 남자들만 할 수 있다고 생각하는 것들이 점점 없어지고 있거든. 군대도 마찬가지야. 예전에는 남자들만 군대에 간다고 생각했다면 지금은 적성에 맞으면 여자도 갈 수 있는 곳이라고 생각하거든. 그래서 요즘은 여군의 수가 많이 늘었고, 여자가 사관학교에 입학하기도 해.

여자도 군대에 갈 수 있어.

다른 나라에도 여군이 있어.

고조선 시대에는 백성들 스스로 무예를 익혔다고 해. 고구려에서는 경당이라는 곳에 결혼하지 않은 자녀를 모아 책읽기와 활쏘기를 연습했대. 이런 전통을 이어 받아 우리나라에도 한국 전쟁 중인 1950년에 여군이 생겼어.

외국의 경우에도 제1·2차 세계 대전에서 여군이 참전했던 나라들이 있어. 미국의 경우에는 10명 중 1명이 여군이라고 해. 특히 이스라엘의 경우에는 남자보다 짧은 기간이긴 하지만 여자도 남자와 마찬가지로 의무적으로 군대에 가야 해.

아하! 개념

- 우리나라 남자들은 의무적으로 군대에 간다.
- 우리나라 여자들도 원하는 경우에는 군대에 갈 수 있다.

3세대 가정은 모두 대가족이다 (X)

궁금하다! 궁금해!

- 가정은 어떻게 구분할 수 있을까?
- 가정을 구분하는 기준은 무엇일까?

사회 시간에 가족에 대해 배웠어. 선생님께서 가족은 대가족, 핵가족 등으로 나눌 수 있다고 설명하셨어.

그리고 집에 돌아가 각자 자기 집의 가족에 대해 조사해 오라는 숙제를 내주셨어.

그런데 난 무슨 말인지 모르겠어. 가족은 '행복한 가족', '화목한 가족' 뭐 이런 식으로 구분하는 거 아냐? 조사를 하려고 해도 단어가 너무 어려워 모르겠어. 가만, 대가족은 뚱뚱한 사람들이 사는 가족인가? 그럼 핵가족은?

자, 그럼 가정의 형태에 대해서 자세히 알아보자.

오개념 탈출 — 가정의 형태

숫자로 가정의 형태를 구분하기도 해.

대가족이 뚱뚱한 가족이냐고? 그렇지 않아. 가족의 수가 많은 가족을 대가족이라고 해. 반대로 가족의 수가 적은 가족을 핵가족이라고 하지. 대가족은 자녀들이 결혼해도 따로 살지 않고 부모님을 모시고 사는 가족이고, 핵가족은 부부와 그들의 결혼하지 않은 자녀가 함께 사는 가족을 말해.

몇 세대가 사는가에 따라 구분하기도 해.

먼저 결혼을 하지 않고 혼자 사는 경우, 자녀가 모두 출가하고 배우자가 사망해 혼자 사는 경우 독신 가정이라고 해. 또 요즘은 혼자 살거나 아이를 낳지 않고 부부끼리만 사는 경우도 많아. 이런 사람들로 이루어진 가족을 1세대 가정이라고 해. 우리가 '가정'이라고 하면 흔히 떠올리는 엄마, 아빠, 자녀로 이루어진 가족은 2세대 가정이라고 해. 3세대 가정도 있어. 할머니, 할아버지 세대, 어머니 아버지 세대, 나와 형제 세대 이렇게 3세대가 모여 사는 가정을 말해.

대가족

핵가족

요즘은 사회가 많이 바뀌면서 가정의 모습도 바뀌고 있어. 할머니, 할아버지와 손자들로 이루어진 가정, 부모님 중 한 분하고만 사는 가정도 있지. 모습은 좀 다르지만 모두 좋은 가정이야. 그러니 이상하다고 생각하면 안 돼.

3세대 가정이 모두 대가족은 아니야.

3세대 가정은 가족의 수가 많겠지? 그래서 보통 3세대 이상이 모여 사는 가정이 대가족인 경우가 많아. 하지만 꼭 그런 것만은 아니야. 3세대 이상이 모여 살아도 할머니, 아버지와 어머니, 나 이렇게 4명이 산다면 핵가족이라고 해. 반대로 아버지와 어머니, 나와 형제 8명으로 구성된 가족은 2세대 가정이어도 대가족인 거지. 3세대 가정이 모두 대가족은 아니야.

아하! 개념

- 가족은 수에 따라 대가족과 핵가족으로 구분할 수 있다.
- 가정은 세대 수에 따라 독신 가정, 1세대 가정, 2세대 가정, 3세대 가정으로 구분할 수 있다.

3세대 가정은 모두 대가족이다 (X)

옛날 사람들에 비해 오늘날 사람들은 예의가 없다 (X)

궁금하다! 궁금해!

- 옛날 사람들이 더 예의를 중시했을까?
- 예절은 예나 지금이나 바뀌지 않고 똑같은 걸까?

일 년에 한 번씩 서울의 종묘에서는 제사를 지내. 제사 도중에 음악도 나오고 춤도 추기 때문에 그야말로 종합 예술이라고 할 수 있어. 유네스코에서는 이 제사의 예술성을 높이 여겨 세계유산으로 지정할 정도지. 이 제사 의식이 바로 우리가 자랑스럽게 여겨야 할 '종묘 제례'야.

그런데 종묘 제례를 구경하던 젊은이가 수군거리고 있어. 이렇게 많은 절차를 거쳐야 하는 예절은 예절이 아니라고 생각하나 봐. 다음 순서를 기억하고, 기다리느라 정작 예절의 중요한 부분인 정신이나 마음이 담겨 있지 않을 거라고 생각하는 거지. 하지만 할아버지는 젊은이가 예절의 기본도 모르는 철부지들이라고 생각하시는 것 같아. 너희들 생각은 어때?

오개념탈출 — 시대와 상황에 따라 달라지는 예절

예절은 사람이 살아가는 데 꼭 필요해.

예절의 기본 정신은 상대방의 인격을 존중하는 동시에 윗사람을 공경하고 아랫사람을 사랑하는 마음이야.

여러 사람이 모여 사는 사회에서 내가 하고 싶은 대로만 하면 어떨까? 좀 피곤하다고 버스에서 자리도 양보하지 않고, 내가 급하다고 할아버지께 인사도 안 한다면 어떨까? 아마 어른들이 굉장히 섭섭해 하실 거야. 이렇게 예절은 여러 사람들이 어울려 살아갈 때 서로 부드러운 인간 관계를 유지하는데 기본이 돼.

시대와 상황에 따라 예절도 변해.

옛날에는 결혼식이나 제사 등 예절을 갖추어야 할 모든 것이 절차가 아주 많고 까다로웠어. 하지만 지금은 예전에 비해 절차가 많이 간단해졌지. 그렇다고 지금 사람들이 옛날 사람들에 비해 예절을 덜 중요하게 생각하는 건 아니야.

몇백 년 전의 모습과 우리가 살고 있는 지금 시대를 직접 비교할 수는 없어. 왜냐하면 시대와 지역의 상황에 따라서 예절이 다를 수 있거든. 그러나 다른 사람들에게 피해를 주지 않고, 나를 높이기보다는 다른 사람들을 존중하고 배려하는 마음이 곧 예절의 기본이라는 점은 예나 지금이나 같아.

예를 들어 결혼식 절차가 옛날에 비해 많이 간단해졌다고 해서 요즘 우리가 결혼식을 중요하지 않게 생각하는 것은 아니야. 결혼식의 중요성은 예나 지금이나 같지만 지나치게 복잡한 절차는 바쁜 현대 사회에 맞도록 간단하게 한 거야.

모양과 격식은 달라도 결혼을 중시하는 마음은 같아.

아하! 개념

- 예절이란 사람이 살아가는 데 꼭 필요한 도리이다.
- 예절은 시대와 지역에 따라 다를 수 있다.

5 옛날 사람들에 비해 오늘날 사람들은 예의가 없다 (X)

6 계는 요즘 유행하는 모임 형태이다 (X)

> **궁금하다! 궁금해!**
> - 계는 어떤 특징을 가지고 있을까?
> - 계의 유래와 기능은 무엇일까?

한 달에 한 번씩 친구들끼리 돈을 가지고 모여서 맛있는 것을 먹는 먹자계를 하는 친구들이 있어. 또 계 모임을 하며 좋아하는 스타를 위해 기부금도 모으고, 자선 행사를 여는 사람들도 많아. 이런 활동을 하기 위해 매달 적은 돈을 모으는 계 모임을 스타계라고 한다며?

계라는 걸 생각해 낸 요즘 어린이들은 정말 똑똑한 것 같다고? 그런데 옆에 계신 할머니도 계를 하고 계신대! 계라는 모임이 아주 빠르게 번져서 할머니들까지도 아시게 된 걸까? 아니면 계가 요즘에 생긴 것이 아니란 얘기일까? 만약 요즘 들어 생긴 게 아니라면 도대체 계는 언제부터 있었던 걸까?

계는 언제부터 있었고, 무슨 목적으로 만들어졌는지 함께 알아보자.

오개념탈출 우리 조상들의 모임, 계

계는 옛날부터 있었던 조직이야.

계가 언제부터 시작되었는지는 정확히 알 수 없어. 오랜 전통 속에 조금씩 만들어져 왔기 때문이지. 멀게는 삼한 시대에 모든 사람들이 즐겼던 놀이인 제례(祭禮)와 회음(會飮) 등이 계의 한 종류였다고 하는 사람들도 있고, 통일 신라 시대에 계와 비슷한 여러 모임들이 있었다고 하는 사람들도 있어. 통일 신라 시대에 유행하던 여자들의 길쌈(옷감짓기)내기인 가배(嘉俳)와 화랑들의 모임인 향도(香徒) 등이 계의 일종이래.

문헌상으로 확인되는 최초의 계는 고려 의종 때 유자량이란 분이 만든 문무계(文武契)라는 계야. 조선 후기에는 계의 종류가 훨씬 다양해지고, 계를 만드는 사람들도 많아졌어. 교육을 목적으로 하는 학계나, 어렵고 힘든 일을 당했을 때를 대비하기 위한 상계, 소나무 보호와 조상들의 무덤이 있는 땅을 지키려는 송계 등이 생겨났어. 그러다 개항 초기에는 서양 문물을 접하면서 처녀들 사이에 크림계, 비누계가 인기를 끌기도 했대.

계는 경제적으로 서로 돕기 위해 만들어졌어.

생각보다 계의 역사가 무척 길지? 그럼 사람들은 왜 계를 하는 걸까? 경제적으로 힘들었던 옛날에는 결혼식이나 장례식 등은 큰 부담이었어. 그래서 평소에 조금씩 돈을 모아 어려운 일에 대비했지. 즉, 마을 사람들끼리 경제적으로 서로 돕기 위해 만든 조직이야.

그러니까 계는 요즘 들어 유행하는 모임의 한 종류가 아니라 적은 돈을 모아 어려운 일을 준비했던 우리 조상들의 슬기와 상부상조의 정신이 지금까지 이어져 오고 있는 것이라고 할 수 있지.

아하! 개념

- 계는 적은 돈으로 목돈을 모을 수 있는 방법이다.
- 계는 공동의 목적이나 친목을 위한 수단이다.
- 계는 아주 오래 전부터 시작되었으며, 목적이나 하는 방식에 따라 다양한 계 모임이 있다.

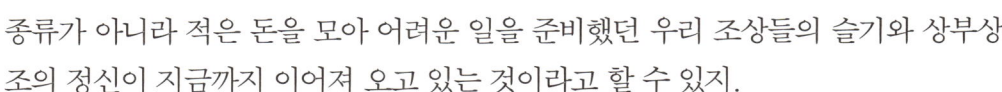

오래된 것은 모두 전통문화이다 (X)

궁금하다! 궁금해!

- 사물놀이는 정말 역사가 오랜된 것일까?
- 우리의 전통문화는 점점 사라지고 있는 것일까?

    아니, 이게 무슨 소리야. 외국에서도 인정받는 우리 전통문화인 사물놀이가 몇십 년 밖에 안 됐다고? 아닐 거야. 조선 시대부터는 있었을 테니 적어도 500년은 되지 않았겠어? 그런데 엄마가 몇십 년이라고 하시니, 우리 엄마가 뭘 잘못 알고 계시는 것 같아. 만약 엄마 말씀이 사실이라면 도대체 전통문화라고 할 수 있는 게 뭐지?

    그럼 떡볶이나 순대는 우리의 전통 먹거리일까? 개량 한복은 전통문화라고 할 수 있을까? 아마도 아니겠지. 이렇게 원래의 모습과 다르게 변하게 되면 결국에는 우리나라의 전통문화는 모두 사라져 버리고 말 거야. 자, 그럼 무엇을 전통문화라고 하는지 지금부터 자세히 알아보자.

오개념 탈출 전통문화

우리가 지켜가야 할 전통문화가 모두 오래 된 것은 아냐.

우리가 전통문화로 알고 있는 것 중 실제로는 그리 역사가 길지 않은 것들이 꽤 있어. 세계가 인정하는 우리 문화인 사물놀이는 꽹과리, 북, 징, 장구로 연주하는 전통 예술로, 역사가 오래 되었다고 알고 있는 경우가 많아.

그런데 사물놀이가 시작된 것은 1978년이야. 아직 50년도 되지 않았어. 또 태권도라는 이름도 1955년에 처음 사용하기 시작했어. 우리 전통 옷이라는 한복도 사실은 조선 시대 때 입던 옷이니까 길어야 500년이 안된 옷이야.

한국적인 가치나 생각이 담겨 있어야 우리 전통문화라고 할 수 있어.

그런데 왜 우리는 이런 것들을 우리의 전통문화라고 알고 있을까? 그건 문화가 가지고 있는 특성 때문이야. 어느 민족이나 국가도 혼자 사는 것이 아니라 오랜 세월 동안 외국의 문화를 받아들이기도 하고, 원래 있던 자기 문화를 발전시키기도 하면서 고유의 문화를 만들지.

그래서 겉모습은 많이 바뀌더라도 한국적인 가치나 생각을 담고 있는 것은 우리의 전통문화가 될 수 있는 거야. 50년도 안 된 사물놀이를 좀더 깊이 들여다보면 수천 년 전부터 우리 조상들이 해오던 농악에 그 뿌리가 있다고 할 수 있어. 태권도도 2천여 년 전부터 전해 내려오고 있는 '태껸'이나 '수박'이라는 전통 무예에 뿌리가 있기 때문에 우리의 전통문화라고 할 수 있는 거야.

그럼 비보이는 어떨까? 춤의 모양은 바뀌어도 그 흥이나 정신이 그대로 담겨 있기 때문에 한국의 비보이도 먼 훗날 우리의 전통문화로 당당히 자리 잡을지도 몰라.

고춧가루가 들어간 김치도 사실은 오래 된 것이 아니야. 고추가 우리나라에 들어온 것이 임진왜란 무렵이거든. 그 전의 김치에는 고춧가루가 들어 있지 않았어.

아하! 개념

- 전통문화란 우리 조상들의 정신과 혼이 깃든 문화이다.
- 전통문화는 겉으로 보이는 형태보다 내면에 담긴 한국적인 정신과 가치가 더 중요하다.

오래 된 것은 모두 전통문화이다 (X)

민속놀이는 옛날 어린이가 했던 놀이이다 (X)

궁금하다! 궁금해!

- 민속놀이는 언제 했을까?
- 민속놀이에는 어떤 것이 있을까?

    친구들과 함께 모여 앉아 편을 갈라서 하는 공기놀이는 정말 재밌어. 특히 꺾기에서 보란듯이 공기 5알을 다 올렸다가 손등 위로 휙 날린 다음에 다시 손 안으로 쏙 잡으면 점수도 팍팍 오를뿐 아니라 기분도 정말 뿌듯해져.

    이렇게 재미있는 놀이를 엄마한테 알려드렸더니 엄마도 어렸을 때 친구들하고 매일 했던 놀이라고 하셔. 우리가 낯설게만 느꼈던 민속놀이가 사실은 지금도 너무나 재미있게 하는 놀이란 걸 피부로 느낄 수 있었어. 그뿐만이 아냐. 고무줄놀이며 땅따먹기도 다 민속놀이래.

    공기놀이나 고무줄놀이 말고 또 어떤 민속놀이가 있을까? 그리고 우리 조상들은 언제 이런 놀이들을 했을까?

오개념 탈출 우리나라의 민속놀이

민속놀이는 계절과 관련이 있어.

우리나라 민속놀이 중에는 고무줄놀이나 공기놀이처럼 매일 할 수 있는 것들도 있지만 대부분은 노는 시기가 정해져 있어. 설, 정월대보름, 단오, 한가위 등 큰 명절 때 놀이를 즐겼기 때문이야. 놀이의 내용은 액(나쁜 일)을 막고, 농사가 잘 되기를 바라는 내용이 대부분이지.

예를 들어 농사를 중요하게 여기던 우리나라에서 농사일이 한창 바쁜 시기에 연날리기와 같은 놀이를 한다면 농사에 지장을 주었을 거야. 그래서 추수가 끝난 후 농사일이 한가할 때 연을 날리다가 정월대보름이 되면 한 해의 액을 연에 실어 날려 보내고, 다시 농사 준비를 시작하는 거지.

민속놀이는 풍년을 바라는 세시 풍속과 밀접한 관련이 있어. 그리고 남자들은 공격적이고 격렬한 '치기'와 '차기' 중심의 놀이가, 여자들은 손놀림과 율동이 있는 '놀이'와 '뛰기' 중심의 놀이가 많다는 특징이 있어.

민속놀이의 종류는 다양해.

널뛰기는 부녀자들이 주로 설날이나 단오에 많이 했고, 연날리기는 남자들이 주로 새해 초부터 정월대보름까지 했어. 또 정월대보름에는 새해 처음으로 떠오르는 보름달을 맞이하는 달맞이놀이와 달집태우기도 했지.

각 명절의 대표적인 놀이를 알아볼까? 설날에는 윷놀이와 널뛰기 그리고 자치기를 주로 했고, 정월대보름에는 줄다리기와 쥐불놀이, 단오에는 그네뛰기와 씨름, 추석에는 강강술래, 씨름, 가마싸움 등을 했어. 이중에는 지금까지 여러 사람들이 즐겁게 하고 있는 것들도 많이 있지. 그러니 민속 놀이를 옛날에나 했던 놀이라고 생각하면 안 돼.

지금도 하고 있는 민속놀이도 많아.

아하! 개념

- 민속놀이는 주로 명절에 했던 놀이이다.
- 민속놀이는 풍년을 바라는 세시 풍속과 관련이 깊다.

8 민속놀이는 옛날 어린이가 했던 놀이이다 (X)

 춤추고 노래하는 것은 노동이 아니다 (X)

궁금하다! 궁금해!

- 춤추고 노는 것도 노동이라고 할 수 있을까?
- 노동과 노동이 아닌 것을 나누는 기준은 무엇일까?

    모두들 '개미와 베짱이' 이야기 알지? 개미는 봄부터 더운 여름, 늦은 가을까지 부지런히 일했지만 베짱이는 시원한 나무그늘에서 놀기만 했지. 겨울이 오자 먹을 것이 떨어진 베짱이는 배고픔과 추위에 시달리다 오들오들 떨며 개미한테 찾아가 먹을 것을 얻어 먹고 후회한다는 이야기지.

    그런데 요즘에는 세상이 변했어. 열심히 일하는 개미같은 사람은 예나 지금이나 잘 살고 있지만 베짱이처럼 춤추고 노래하는 연예인도 그에 못지않게 잘사는 세상이 된 거지.

    부모님께서는 춤 추고 노는 것은 시간 낭비라고 항상 말씀하셔. 하지만 이젠 춤 추고 노래 부르는 것도 직업이 될 수 있대.

오개념 탈출 노동의 의미

우리도 노동을 하고 있어.

우리는 누구나 일을 하면서 살고 있어. 학생은 공부를 하고, 가정주부는 가사를 하지. 또 회사원은 회사에 다니고, 공장 근로자는 물건을 생산해. 금융이나 서비스업에서 일하는 사람들은 우리가 눈으로 볼 수 있는 형태를 갖춘 물건을 생산하지는 않지만 서비스를 제공하고 있어.

이와 같이 노동은 어떠한 가치를 만들기 위하여 정신적 또는 육체적으로 하는 활동을 말해. 노동을 하는 이유는 첫째, 노동을 해서 벌어들이는 돈으로 생활을 유지(생계 유지)하기 위해서야. 둘째, 노동을 통해 자아를 실현하고 있어. 마지막으로 노동을 통해 사회에 도움을 줌으로써 사회에 봉사를 하는 거지.

춤추고 노래하는 것도 노동이야.

언뜻 생각하면 춤추고 노래하는 것, 축구나 야구 같은 운동, 바둑이나 낚시 등은 노동이 아니라 여가 생활이라고 생각할 수도 있어. 물론 일반인들에게는 이런 활동들이 취미 생활이고, 여가 생활이 될 수 있지. 하지만 운동선수나 연예인들에게는 이것이 여가 생활이 아니라 고되고 힘든 노동이야.

우리가 볼 때 연예인은 노는 것처럼 보이지만 이런 모습 뒤에는 수많은 연습과 노력이 있었던 거야. 텔레비전 속에 보이는 연예인의 모습은 화려하지만, 그 모습 뒤에는 남들이 모르는 수많은 땀과 노력이 숨어 있어. 그러니 우리도 미래의 직업을 생각할 때 겉모습만 보고 무턱대고 연예인을 지망하면 안 돼. 몇 년 간의 연습을 참고 이겨낼 인내심과 노력, 그리고 재능을 갖추는 것이 무엇보다 중요하다는 걸 잊지 마!

> 이렇게 스타가 되기까지 10년 동안 연습생 생활을 했다고.

아하! 개념

- 노동이란 사람들에게 필요한 물건이나 서비스를 제공하는 활동이다.
- 노동은 생계 유지의 수단, 사회 봉사, 자아 실현 등의 기능을 한다.

춤추고 노래하는 것은 노동이 아니다 (X)

노는 게 여가 생활이다 (X)

궁금하다! 궁금해!

- 여가 생활이란 뭘까?
- 바람직한 여가 생활이란 어떤 걸까?

여가 생활이 뭐냐고? 당연히 공부 안 하고 노는 거지. 그럼 여가 생활에는 뭘 하는 게 좋을까? 뭐니뭐니 해도 공부 때문에 받은 스트레스를 풀기 위해 재미있는 것들을 하는 게 좋겠지. 그럼 어떤 것들이 스트레스를 풀어 줄까?

일단 잠을 푹 자야지. 토요 휴업일이나 일요일에는 아침 10시까지 잠을 자는 게 좋은 여가 생활이라고 생각해. 또 엄마 눈치 보느라 못 보던 텔레비전 프로그램은 재방송까지 모두 챙겨서 봐야지. 밤에는 좋아하는 게임도 열심히 해야 해. 이렇게 여가 생활을 하면 정말 뿌듯할 것 같아.

그런데 말이야, 우리가 이렇게 여가 생활을 하면 왜 엄마, 아빠는 잔소리를 하실까? 엄마랑 아빠는 우리들 세대의 스트레스 해소 방법을 모르신다니까!

오개념 탈출 — 여가 생활

여가는 일이나 공부에서 벗어나 자유로운 시간을 갖는 걸 말해.

여가 시간에는 꼭 해야만 하거나 반드시 필요해서 하는 활동이 아니라 스스로 만족을 얻기 위해 하는 자유로운 활동들을 말해.

대표적인 여가 생활로는 휴식이나 놀이, 게임 같은 오락적인 활동을 들 수 있어. 이렇게 여가 생활을 하는 데에는 일로 인해 지친 몸을 쉬게 하려는 목적이 있지. 또 여가 생활을 즐겁게 하면 새로운 마음으로 다시 일을 시작할 수 있게 하는 재충전의 기회가 되기도 해.

여가 생활에는 여러 가지가 있어.

휴식과 재충전을 위한 여가 생활에는 신체적 여가 생활, 사회적 여가 생활, 지적·예술적 여가 생활 등이 있어.

신체적 여가 생활로는 축구, 야구, 테니스, 탁구, 줄넘기, 스케이팅, 사이클, 등산 등과 같은 운동을 들 수 있지. 사회적 여가 생활으로는 사회 봉사가 있어. 또 지적·예술적 여가 생활로는 미술, 음악, 연극 공연 관람, 독서, 글쓰기, 각종 수집 활동 등이 있어.

우리나라의 경제 발전으로 옛날에는 없던 것들을 이용해 편리하게 살 수 있게 되면서 물질적으로는 풍요로워졌어. 반면에 정신적으로는 일에만 매달리다보니 시간에 쫓기는 존재가 되어버렸어. 이 때문에 여가 생활을 통해 일과 휴식을 적절히 조화시키는 것이 중요해졌지. 또 여가 생활을 대충 하기보다는 적극적으로 하는 것이 좋아. 그리고 자기의 소질과 능력을 계발할 수 있는 기회로 활용하려는 마음가짐도 중요하다는 걸 잊지 마!

다양한 여가 생활

아하! 개념

- 여가 생활은 건전한 오락과 운동을 통해 새로운 마음으로 일할 수 있는 원동력이 된다.
- 여가 생활의 종류에는 신체적 여가 생활, 사회적 여가 생활, 지적·예술적 여가 생활 등이 있다.

옛날 사람들은 여가 생활을 하지 않았다 (X)

궁금하다! 궁금해!

- 우리 조상들은 어떤 여가 생활을 했을까?
- 우리 조상들이 여가 생활을 즐긴 이유는 무엇일까?

옛날에는 요즘보다 가난하고 살기가 힘들었대. 그러니까 당연히 여가 생활은 하기가 힘들었겠지? 농가월령가만 봐도 우리 조상들이 봄부터 겨울까지 잠시도 쉬지 않고 얼마나 바쁘게 지내셨는지 알 것 같아. 이렇게 바쁜데 우리 조상들이 어떻게 여가 생활을 즐길 수 있었겠어.

그럼 언제부터 여가 생활이란 말이 생겨났을까? 아마 1980년대 이후에 생겨나지 않았을까? 왜냐하면 1970년대부터 우리나라가 경제적으로 발전하기 시작했잖아. 그러니 경제가 약간 발전한 1980년대부터 여가 생활이 시작되지 않았을까?
우리 조상들이 즐겼던 여가 생활에 대해 알아보자.

오개념탈출 — 우리 조상들의 여가 생활

우리 조상들도 여가 생활을 즐겼어.

옛날에는 지금처럼 과학 기술이 발달하지도 않았고, 문화 시설도 충분하지 못했어. 그래서 우리 조상들은 여가 생활을 즐기지 못했을 것 같지? 하지만 그렇지 않아. 가족이나 친척들이 한 집에 모여 살거나 같은 동네에 가까이 살면서 서로 도우며 지냈고, 또 마을 사람들끼리도 서로 도와야만 하는 농사일을 주로 하다 보니, 마을 중심의 놀이 문화가 많이 발달했거든. 그래서 우리 조상들이 즐겼던 여가 생활은 공동체 문화나 농사일과 관계가 있어.

그럼 그 특징을 좀더 구체적으로 알아볼까? 첫째, 세시 풍속과 관계가 깊어. 둘째, 남자들은 움직임이 많고 격렬한 놀이를 주로 하고 여자들은 움직임이 적고 율동적인 놀이를 많이 했어. 셋째, 오늘날에는 놀이에 성별의 구별이 적지만 옛날에는 성별에 따른 놀이 구분이 비교적 분명했어.

조상들이 즐겼던 여가 생활에는 여러 가지 의미가 담겨 있어.

우리 조상들이 가난하고 힘든 중에도 멋과 여유가 있는 여가 생활을 즐긴 이유는 놀고 즐기기 위한 것도 있지만, 농사일을 앞두고 풍년을 기원하는 의미도 있었어. 또 가정과 마을의 안녕과 평화를 비는 목적도 있었지.

휴식과 풍년, 안녕을 비는 여가 생활에는 어떤 놀이들이 있는지 구체적으로 알려줄게. 줄다리기, 널뛰기, 그네뛰기, 씨름, 탈춤, 농악놀이, 차전놀이, 달맞이, 강강술래, 놋다리밟기, 연날리기, 지신밟기, 쥐불놀이, 윷놀이, 제기차기, 소싸움, 닭싸움, 투호, 공기놀이, 구슬치기, 수놓기, 실뜨기 놀이, 붓글씨 쓰기, 썰매타기, 고누놀이 등이 있어.

우리 조상들의 여가 생활

아하! 개념

- 우리 조상들의 여가 생활은 휴식뿐 아니라 풍년을 기원하는 목적이 있다.
- 우리 조상들의 여가 생활은 마을의 안녕을 비는 것과 관련이 있다.

11 옛날 사람들은 여가 생활을 하지 않았다 (X)

옛날 생활 도구는 오늘날 생활 도구보다 모두 나쁘다 (X)

궁금하다! 궁금해!

- 도구를 만든 까닭은 무엇일까?
- 도구를 이용하면 어떤 점이 편리할까?

옛날에는 오늘날보다 과학 기술이 발달하지 못했다는 건 모두 알고 있지? 빨래를 넣고 버튼만 누르면 다 알아서 해 주는 세탁기도 없었고, 한 여름에도 음식을 오랫동안 보관해 주는 냉장고도 당연히 없었고, 쌀을 씻어서 앉히기만 하면 저절로 밥이 되는 전기밥솥도 없었고…. 우리 조상님들은 얼마나 힘드셨을까? 내가 그 시절에 태어났다면 이런 것들을 다 발명해서 편하게 해 드렸을텐데!

더 놀라운 건 요즘은 서울에서 부산까지 비행기나 KTX를 타면 몇 시간만에 뚝딱 도착할 수 있다는 거지.

이런 일을 옛날에는 상상이나 할 수 있었겠어. 그러니까 뭐든지 옛날 것보다는 오늘날에 만든 것이 다 좋지 않을까?

오개념탈출 시대에 따른 생활 도구

도구를 이용하면 일이 편리해져.

옛날과 오늘날의 집안일을 비교해 보면 하는 일은 비슷하지만 사용하는 도구나 방법은 달라진 것을 알 수 있어.

하는 일	옛날	오늘날
밥짓기	아궁이에 나무나 짚 등을 넣고 불을 지펴 가마솥에 밥을 함	가스나 전기를 이용하여 압력밥솥이나 전기밥솥에 밥을 함
설거지하기	지푸라기와 쌀뜨물을 이용함	수세미와 세제를 이용함
빨래하기	빨래판과 빨랫방망이를 이용하여 우물가나 냇가에서 빨래를 함	집에서 세탁기로 함
청소하기	걸레나 빗자루로 함	진공 청소기로 함

도구를 이용하면 도구 없이 일을 할 때보다 노력을 덜 들이고 편하게 할 수 있어. 예를 들어 음식을 만들 때 칼을 사용하면 음식을 원하는 크기나 모양대로 쉽게 자를 수 있고, 수저를 이용하면 손으로 만지기 어려운 뜨거운 음식도 쉽게 먹을 수 있어.

옛날 도구에는 우리 조상들의 슬기가 담겨 있어.

오늘날 사용하는 도구가 편리한 것은 사실이지만 옛날 도구들이 가진 장점도 있어. 그래서 옛날 도구의 원리를 응용하여 좀더 편리한 도구를 만들고 있지.

옛날 사람들처럼 빨랫방망이로 빨래를 두드리면 작은 공기 방울이 생겨 때가 잘 빠진대. 이걸 이용해 요즘에는 공기 방울 세탁기를 만들었어. 또 전기밥솥의 경우에는 오랫동안 열을 유지해 밥을 맛있게 만드는 가마솥의 원리를 이용했지. 김치 냉장고는 습도를 조절해 음식을 신선하게 보관하는 옹기의 원리를 응용해 만든 것이야.

또 옛날 사람들이 쓰던 도구는 오늘날의 도구와는 달리 환경을 덜 오염시키고, 자연 그대로의 맛과 멋이 살아 있어. 이런 점은 오늘날의 사람들이 본받을 만해.

아하! 개념

- 오늘날의 도구는 옛날보다 편리해졌지만 도구의 원리는 비슷하다.
- 옛날의 도구라고 해서 현대의 것보다 모두 뒤떨어진 것은 아니다.

12 옛날 생활 도구는 오늘날 생활 도구보다 모두 나쁘다 (X)

증기 기관차는 조선 시대에도 있었다 (X)

궁금하다! 궁금해!

- 조선 시대에도 증기 기관차가 있었을까?
- 우리나라에 처음 기차가 들어온 것은 언제일까?

    우리 조상들의 과학 기술이 훌륭하다는 것은 알고 있지? 우리나라는 뭐든지 가장 오래되고 훌륭한 것들을 많이 만들었어. 세계적으로 인정받는 고려 청자, 세계에서 가장 오래된 금속 활자 인쇄본인 직지 심체 요절, 그리고 별자리를 관찰하던 첨성대, 세종 대왕 때 만들어진 세계 최초의 강수량 측정기인 측우기 등은 우리가 자랑하는 과학 문화재들이야.

    그러니까 증기 기관차도 우리가 제일 먼저 만들지 않았을까? 인터넷도 세계 제일, 게임도 세계 최고의 실력을 자랑하니까 아마 증기 기관차를 만드는 건 어렵지 않았을 거야.

    내 친구가 그러는데 조선 시대에도 증기 기관차가 있어서 임진왜란 때 권율 장군이 행주 대첩에서 이길 수 있었대. 진짜일까?

오개념탈출 철도의 역사

증기 기관차는 영국에서 제일 먼저 만들었어.

증기 기관차의 역사는 철도의 역사와 흐름이 같아. 왜냐하면 철도가 없으면 기관차가 달릴 수 없으니까.

증기 기관을 이용해 기관차를 제일 먼저 만든 나라는 영국으로, 리처드 트레비딕이라는 사람이 1804년에 최초의 기관차를 만들었지. 1814년에는 조지 스티븐슨이 현재의 여러 기관차들과 비슷한 블뤼허(Blucher)호를 만들었고, 1825년에는 최초로 모든 사람들이 이용할 수 있는 철도가 등장했어.

영국에 이어 미국과 독일에서도 여러 종류의 기관차를 개발했어. 미국의 경우 초기에는 영국에서 만들어진 기관차를 썼지만, 1830년대에 이르러서는 자체적으로 기관차를 생산하기 시작했어. 이어서 독일도 기관차를 만들기 시작했지.

이후 제2차 세계 대전이 끝나고 디젤 기관차가 등장했는데, 디젤 기관차는 점차 증기 기관차를 대신하게 되었어. 그러다 증기 기관차는 1970년대에 거의 사라졌지.

우리나라에는 1899년에 증기 기관차가 도입되었어.

우리나라에 처음으로 증기 기관차가 들어온 것은 1899년 경인선 철도 개통 때였어. 이후 경부선이 개통되었고 시간이 지나면서 철도 노선망이 더 늘어나게 되자 다양한 종류의 증기 기관차가 도입되었지.

특히, 1920년대 이후부터는 우리나라도 스스로 증기 기관차를 생산하기 시작했으며, 파시형 증기 기관차, 미카형 증기 기관차 등이 도입되었어. 그러니까 우리나라 증기 기관차의 역사는 그다지 오래된 것은 아니야.

증기 기관차

디젤 기관차

아하! 개념

- 증기 기관차가 처음 만들어진 것은 약 200년 전인 1804년이다.
- 우리나라에 처음 증기 기관차가 들어온 것은 1899년이다.

옛날에는 과학이 발달하지 않아 소식을 주고받지 못했다 (X)

궁금하다! 궁금해!

- 옛날 사람들은 어떻게 소식을 주고받았을까?
- 통신 수단은 어떻게 발달되어 왔을까?

    예전에 우리 엄마 아빠들이 어렸을 때는 급한 소식을 전할 때 '전보'라는 것을 쳤대. 전화가 너무 비싸서 전화가 있는 집보다 없는 집이 더 많았기 때문이래. 그런데 지금은 집집마다 전화가 있고, 가족들마다 휴대 전화가 있어서 언제 어디서나 다른 곳에 있는 사람들과 소식을 주고받을 수 있게 되었어.
이렇게 지금은 옛날보다 소식을 빠르게 주고받을 수 있게 되었고, 미래에는 지금보다 더 빠르게 소식을 주고받을 수 있을 거야. 이 모든 게 다 과학 기술이 발달한 덕분이지.
    그럼 전보가 나오기 훨씬 전에 우리 조상들은 급히 전달해야 할 소식이 있을 때, 어떻게 소식을 주고받았을까?

오개념 탈출 통신 수단의 발달

옛날에도 소식을 전하는 수단이 있었어.

옛날에는 소식을 전하기 위해서 어떻게 했을까? 소식을 빨리 전하기 위해서는 교통과 통신 제도가 잘 발달되어 있어야 해. 요즘처럼 정보 통신 기술이 발달하기 전에는, 전해야 할 소식이 있을 때 사람이 직접 가서 알려야 했어. 그러다 삼국 시대부터 봉수 제도가 생겨 나라에 위급한 일이 생기면 불이나 연기를 피워 소식을 알렸어. 또 고려 시대에는 파발과 역참 제도를 만들어 나라의 급한 문서나 군사적인 소식을 빨리 전했지.

조선 말기에는 개인들도 서로 소식을 주고받을 수 있는 우편 제도가 생겨나, 하고 싶은 이야기를 편지로 주고받게 되었어. 1885년 이후에는 전신기를 들여와 전보를 통해 소식을 좀더 빨리 주고받을 수 있게 되었고, 1898년에는 우리나라 최초로 전화선이 있는 전화가 마련되었지.

요즘 사람들이 쓰는 휴대 전화는 1980년대 이후 빠르게 발전해 아무 곳에서나 다른 사람들과 전화 통화를 할 수 있게 되었어. 또 인터넷이 보급되면서 컴퓨터로 다른 사람과 편지나 그림, 동영상 음악 등을 주고받을 수 있게 되었지.

1837년 이후 통신 수단은 빠르게 발전했어.

'모든 길은 로마로 통한다.'라는 말이 있듯이 로마는 도로를 이용해서 빠르게 소식을 전달하고 군대를 보낼 수 있었어. 이후 1837년 미국의 모스가 전신기를 발명하면서 통신 수단은 빠르게 발전하기 시작했지.

1876년에는 벨(Bell, 1847~1922)이 전화를, 1901년에는 마르코니(Marconi, 1874~1937)가 모스 부호를 선 없이 보내는 데 성공했어. 이 덕분에 우리가 무선 통신을 할 수 있게 되었지.

아하! 개념

- 옛날에도 소식을 빨리 전하기 위한 방법이 있었다.
- 파발 제도와 봉수 제도는 과거에 소식을 전하는 대표적인 방법이었다.

14 옛날에는 과학이 발달하지 않아 소식을 주고받지 못했다 (X)

어느 고장에나 전통 문화 축제가 꼭 있다 (X)

궁금하다! 궁금해!

- 고장에는 전통 문화 축제가 꼭 있어야 하는 걸까?
- 고장의 축제가 하는 역할은 무엇일까?

인터넷으로 각 고장의 홈페이지에 들어가 보면 자기 고장의 축제을 홍보하는 메뉴가 있어. 어떻게 그렇게 많은 축제가 만들어졌는지 신기할 정도야. 나비 축제, 산천어 축제, 머드 축제, 유채꽃 축제 등 무척이나 많아.

우리 조상들은 노는 걸 너무 좋아하셔서 이렇게 많은 축제들이 생겨난 게 아닐까? 아니면 축제를 여는 다른 이유가 있는 걸까?

아니면 나라에서 고장에는 꼭 한 개 이상의 전통 문화 축제를 열도록 법으로 정해 놓은 걸까? 그렇게 하지 않으면 벌금을 내야 하니까 지방마다 하나씩 무조건 만든 것 같아.

생각하면 할수록 궁금해지지? 고장의 전통 문화 축제에 대해서 더 알아볼까?

오개념탈출 고장의 전통 문화 축제

대부분의 고장에서 전통 문화 축제를 열어.

고장마다 축제가 꼭 있어야 하는 것은 아니지만 대부분 고장마다 1~2개의 전통 문화 축제가 있는 경우가 많아. 고장의 전통 문화 축제가 그 고장의 역사와 문화, 특산물 등을 다른 고장에 널리 알릴 수 있는 기회가 되기 때문에 고장마다 전통 문화 축제를 여러 모로 이용하고 있거든.

또 고장의 전통 문화 축제를 찾아온 관광객이 많으면 많을수록 특산물의 판매가 늘어나기 때문에 경제적인 소득을 올릴 수 있어, 고장이 발전할 수 있는 기회가 되기도 해. 그래서 각 고장에서는 고장의 전통 문화 축제를 통해 경제적 소득을 올릴 뿐 아니라 주민의 화합과 단결을 꾀할 수도 있어. 그래서 고장의 전통 문화 축제를 계속 만들거나 발전시키려는 거야. 그래서 문화재의 발굴과 특산물의 변화에 따라 고장의 전통 문화 축제가 생겨나기도 하고 없어지기도 해.

여러 고장에서 다양한 전통 문화 축제가 열리고 있어.

역사·문화적 유적과 관련된 전통 문화 축제는 서울, 경주, 공주, 부여와 같은 옛 도읍지였던 곳이나 전주나 안동, 강릉 등 역사적으로 오래된 지역에서 열리는 경우가 많아. 반면에 특산물과 관련된 축제는 각 지역의 자연환경에 맞는 특산품을 중심으로 쌀, 감자 같은 곡물이나 인삼, 약초 같은 약용 식물, 사과, 배, 감 같은 과일 그리고 해산물 등과 관련된 축제가 열리고 있지. 또 지역의 이름난 산이나 강, 계곡 그리고 해변이나 갯벌 등의 자연환경과 관련된 축제도 있고, 계절에 따라 꽃, 단풍, 설경 등을 이용한 축제도 있어.

이러한 전통 문화 축제는 지역 주민을 하나로 모으는 역할과 함께 경제적인 소득을 올릴 수 있는 기회가 되기도 하고, 고장을 널리 알리는 등 여러 가지 장점이 있어.

강릉 단오제

아하! 개념

- 고장의 전통 문화 축제를 통해 고장을 널리 알리고, 경제적 소득도 얻을 수 있다.
- 고장의 환경 변화에 따라 고장의 전통 문화 축제는 생기기도 하고 사라지기도 한다.

우리가 살아가는 데에는 의식주 중 하나만 있어도 된다 (X)

궁금하다! 궁금해!

- 사람이 살아가는 데 꼭 필요한 것에는 무엇이 있을까?
- 왜 의식주가 사람에게 중요한 것일까?

사람이 살아가면서 꼭 필요한 건 무엇일까 생각해 보자.

뭐가 있을까? 맞아, 음식! 음식은 정말 중요할 것 같아. 사람은 먹어야 힘을 내서 일도 하고, 공부도 할 수 있고, 여러 가지 다른 활동도 할 수 있잖아. 먹을 것 말고 또 뭐가 있을까?

게임이 그 다음으로 중요하다고? 에이, 게임은 없어도 살 수 있잖아. 물론 어떤 친구에겐 게임이 무척 중요할 수 있지만 대부분의 사람들은 게임이 없어도 잘살 수 있어. 음식을 먹지 못하면 사람이 죽을 수도 있지만 게임을 못해 목숨을 잃었다는 사람은 본 적 없지?

우리가 살아가는 데 좀더 필수적인 것이 있다면 무엇이 있는지 함께 알아보자.

오개념 탈출 의식주

사람이 살아가는 데 의식주는 꼭 필요해.

의식주(衣食住)는 사람들이 살아가는 데 꼭 필요한 3대 요소야. 먼저 의(衣)는 사람들이 입는 옷인 의복을 가리키고, 식(食)은 사람들이 먹는 음식을, 주(住)는 사람들이 사는 주거 공간인 집을 가리키지. 이 세 가지는 사람들이 살아가는 데 가장 기본이 되는 것들이야. 이것들이 갖추어져야 다른 문화적인 것을 생각할 수 있다는 얘기지.

서양이나 북한에서는 의식주라는 말 대신에 식의주(食衣住)라는 말을 쓴다고 해. 그것은 입는 것이나 사는 곳에 대한 문제보다 먹는 문제가 먼저 해결되어야 할 정도로 중요하게 생각한다는 뜻이지. 하지만 일본이나 중국, 우리나라의 경우는 먹는 것보다는 예의를 더 우선적인 것으로 생각했기 때문에 의식주라고 한대.

의식주를 어떻게 해결하는지도 중요해.

세계적인 대제국을 건설한 알렉산더 대왕이 디오게네스를 찾아갔다고 해. 디오게네스는 아무런 욕심도 내지 않고 집과 재산을 모두 버린 채 자유롭게 사는 괴짜 철학자였지. 알렉산더 대왕은 디오게네스에게 물었어.

"당신이 원하는 건 뭐든지 들어주겠소."라고 알렉산더가 말하자,

"대왕이 햇빛을 가리고 있으니 좀 비켜주시오."라고 디오게네스가 대답했대. 디오게네스는 의식주의 해결보다 정신적인 자유를 더 중요하게 생각한 철학자였거든.

그런데 요즘은 인간의 의식주 문제가 거의 해결되었기 때문에 여기서 좀더 나아가 어떤 것을 입고, 먹고, 누리느냐 하는 삶의 질 문제를 더 중요하게 생각하게 되었어. 이런 모습을 바로 참살이(웰빙)라고 해. 같은 것을 해도 좀더 건강에 좋고 문화적으로 누릴 수 있는 의식주 생활이 우리 모두에게 필요하게 된 거야.

> 참살이가 중요하니까 자연 식품인 개구리를 먹으려고.

아하! 개념

- 의식주는 인간이 살아가는 데 필요한 가장 기본이 되는 요소이다.
- 요즘은 많은 사람들이 질 높은 의식주 생활을 원하고 있다.

16 우리가 살아가는 데에는 의식주 중 하나만 있어도 된다 (X)

오개념 경제

오개념 17 | 경제 활동은 어른들만 한다(X)

오개념 18 | 인터넷 쇼핑몰은 시장이 아니다(X)

오개념 19 | 물건 가격이 오르면 판매자는 더 많은 수입을 얻을 수 있다(X)

오개념 20 | 돈을 만든 건 부자가 되기 위해서였다(X)

오개념 21 | 돈의 가치는 변하지 않는다(X)

오개념 22 | 물건은 어느 곳에서나 같은 가격에 판매해야 한다(X)

오개념 23 | 나누어 일하는 것보다 각자 일하는 것이 더 효과적이다(X)

오개념 24 | 회사에 다녀야만 소득을 얻을 수 있다(X)

오개념 25 | 돈을 얻기 위해 하는 일은 모두 직업이다(X)

오개념 26 | 가지고 있는 돈을 모두 저축하는 것이 합리적이다(X)

오개념 27 | 돈을 저축할 때와 빌릴 때의 이자는 같다(X)

오개념 28 | 어린이들은 세금을 내지 않는다(X)

경제활동은 어른들만 한다 (X)

궁금하다! 궁금해!

- 민호는 어떤 경제 활동을 하고 있는 걸까?
- 경제 활동에는 어떤 것이 있을까?

"어른들만 경제 활동을 하는 줄 알았더니 나도 경제 활동을 하고 있다고? 나는 그냥 아빠께 용돈을 받아 맛있는 것을 사 먹고, 장난감도 사고, 준비물을 산 것 뿐인데…. 이것도 경제 활동이야?"

보통 어른들은 직업을 가지고 일을 해서 돈을 벌어. 그리고 그 돈으로 여러 가지 물건을 사고, 저축도 하지. 우리 같은 어린이들은 돈을 벌지는 않고, 사용하기만 해. 이처럼 어린이들이 물건을 만드는 것도 아닌데 경제 활동을 하고 있다고 하니 의아할 거야.

이해가 안 가겠지만 어린이들도 경제 활동을 하고 있어. 잘 모르겠다고? 경제 활동이 무엇인지 알면 쉽게 이해할 수 있을 거야. 그럼 우리 어린이들은 구체적으로 어떤 경제 활동을 하고 있는지 알아볼까?

오개념 탈출 경제 활동

생산 활동과 소비 활동을 모두 경제 활동이라고 해.

　경제 활동이라는 말을 들으면 무엇이 떠오르니? 아마 자동차나 컴퓨터와 같은 제품을 만드는 모습이 떠오를 거야. 또 농사를 짓거나 고기를 잡는 장면을 떠올리는 친구들도 있을 거야. 이렇게 필요한 것들을 만들거나 얻어내는 활동을 생산이라고 하지. 그런데 경제 활동에는 생산 활동만 있는 것은 아니야.

　생산 활동에 참가한 사람들에게 그 대가를 나누어 주는 활동을 분배 활동이라고 해. 이 분배를 통해 우리 가정에서는 여러 가지 소득을 얻게 돼. 이렇게 얻게 된 소득으로 우리는 물건을 사고, 외식도 하게 되지. 이를 소비 활동이라고 해.

　한마디로 경제 활동이란 생활에 필요한 여러 가지 것들을 만들어 내고(생산), 소득을 얻고(분배), 그 소득으로 물건을 사고(소비), 저축하는 것과 관련된 모든 활동들을 말해.

　그런데 우리는 왜 어른들만 경제 활동을 한다고 생각할까? 그건 소비와 관련된 여러 활동들이 경제 활동에 속한다는 것을 몰랐기 때문이야.

　우리들이 돈으로 사는 것들을 이야기해 볼까? 지우개, 연필, 사탕, 색종이, 책, 과자, 초콜릿, 장난감…. 너무 많아서 말하기 힘들 거야. 게다가 부모님께서 주신 용돈 중 일부분을 저축하기도 하잖아. 이 정도면 우리 어린이들도 활발하게 경제 활동을 하고 있다고 말할 수 있지 않을까?

생산 활동　　분배 활동　　소비 활동

생산 활동은 크게 세 가지로 나눌 수 있어.

생산 활동은 크게 자연에서 자원을 얻는 활동(1차 산업), 자연에서 얻은 자연을 가공하여 물건을 만드는 활동(2차 산업), 물건을 직접 만들지는 않지만 사람들에게 만족을 주는 활동(3차 산업)으로 나눌 수 있어.

농업, 임업, 수산업 등은 1차 산업에 속하고, 광업과 공장에서 물건을 만들어 내는 제조업 등이 2차 산업에 속해. 그리고 서비스업은 3차 산업에 속해.

서비스가 뭐냐고? 서비스란 사람들의 생활을 편리하게 해 주거나 즐거움을 주는 인간의 활동을 말해. 의사 선생님이 환자를 치료해 주는 일, 미용사 아주머니가 머리를 다듬어 주는 일, 과일 가게 아저씨가 물건을 판매하는 일 등이 모두 서비스야. 이러한 서비스 활동을 하는 사람이 없다면 우리 생활이 어떻게 될지 생각해 봐. 만약 과일 가게 아저씨가 없다면 과일을 사러 직접 시골에 있는 과수원에 가야 하는 등 우리 생활이 불편해질 거야.

경찰 서비스　　운동 선수의 경기　　교육 서비스　　방범 서비스

생산 활동을 통해 얻게 되는 소득을 분배라고 하는데, 분배 활동도 경제 활동에 속해.

어른들은 여러 가지 다양한 직업을 가지고 있어. 우리 부모님들을 살펴보면, 회사에 다니시는 분, 사업을 하시거나 가게를 운영하시는 분, 농사를 짓는 분 등 다양한 일을 하시지? 이렇게 일을 해서 모두 소득을 얻게 되는데, 소득을 얻는 활동도 분배 활동이라고 해서 경제 활동에 포함돼.

생산된 것을 대가를 지불하고 사용하는 것이 소비 활동이야.

만들어 낸 물건, 즉 생산한 것을 쓰는 것을 소비라고 해. 물건 뿐만 아니라 눈에 보이지 않는 서비스에 돈을 지불하고 사용하는 것도 소비야.

사람들이 살아가기 위해서는 필요한 것이 많아. 먹을 것도 필요하고, 입을 것도 필요하지. 그뿐만이 아니야. 학교에서 공부를 하려면 연필과 공책이 필요해. 아픈 곳이 있으면 병원에 가야 하지. 이렇게 살아가는 데 필요한 여러 가지 것들을 쓰는 활동을 소비 활동이라고 해.

쌀 농사를 짓는 이유가 쌀을 먹기 위해서, 즉 쌀을 소비하기 위해서인 것처럼, 재화와 서비스를 생산하는 이유는 그것이 소비하는 데 필요하기 때문이야. 소비가 활발히 이루어지면 소비에 필요한 재화와 서비스의 생산이 늘어나서 나라 전체의 경제 활동도 활발해지지.

재화 눈에 보이는, 즉 형태가 있는 물건

돈을 저축하는 것도 경제 활동이야.

가지고 있는 돈 중 일부를 쓰지 않고 모아 두는 것을 저축이라고 하는데, 사람들은 가진 돈 중 일부는 소비를 하고, 일부는 저축을 해. 사람들이 저축을 하는 것은 나중에 쓸 일(자녀 교육비, 노후 생활비 등)을 대비하거나 재산을 늘리기 위해서지.

한마디로 경제 활동이란 생활에 필요한 여러 가지 것들을 만들어 내고 사용하는 것과 관계된 모든 활동들을 말하는 거야.

아하! 개념

- 생활에 필요한 여러 가지 것을 만들어 내거나 생활을 편리하게 해 주는 인간의 활동을 생산이라고 한다.
- 경제 활동은 생산, 소비, 분배, 저축 등의 활동을 모두 포함한다.

인터넷 쇼핑몰은 시장이 아니다 (X)

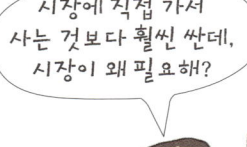

궁금하다! 궁금해!

- 인터넷 쇼핑몰도 시장일까?
- 직접 가서 눈으로 볼 수 있어야 시장이라고 할 수 있을까?
- 시장의 종류에는 무엇이 있을까?

"소연이 어머니께서는 재래 시장의 과일 값이 비싸다고, 인터넷 쇼핑몰에서 과일을 구입하시려고 해. 그런데 사회 시간에 인터넷 쇼핑몰도 시장이라고 배운 거 같은데…. 내가 잘못 알고 있는 걸까?"

위와 같이 말한다면 시장이 무엇을 하는 곳이고, 시장의 종류에 대해 잘 모르는 거야. 우리는 시장이라고 하면 동네에 있는 시장을 떠올리고, 그 곳만 시장이라고 생각하는 경우가 많아. 인터넷 쇼핑몰에서도 거래가 이루어지므로 시장이라고 할 수 있지. 이해가 안 간다고?

그럼 시장에는 어떤 것들이 있는지 자세히 알아보자.

오개념 탈출 시장

거래가 이루어지는 모든 곳을 시장이라고 해.

다들 한번쯤 부모님을 따라 시장에 가본 적 있지? 시장에서 물건을 사고파는 많은 사람들과 진열된 여러 상품들, 그리고 많은 가게들을 봤을 거야. 그래서 시장이라고 하면 여러 가게들이 모여 있는 장소를 먼저 떠올릴 거야. 하지만 농수산물 시장처럼 일정한 장소에 있어야만 시장이라고 부를 수 있는 것은 아니야. 일정한 장소에 있지 않더라도 필요한 것들을 사고파는 활동, 즉 거래가 이루어지는 모든 곳을 시장이라고 해.

인터넷 쇼핑몰도 거래가 이루어지기 때문에 시장이야.

인터넷 쇼핑몰이란 여러 가지 물건들을 판매하는 인터넷 사이트를 말해. 인터넷 쇼핑몰은 컴퓨터 화면에 있을 뿐이지 동네 시장처럼 일정한 장소가 있어 직접 가서 눈으로 볼 수 있는 것은 아니야. 하지만 책, 옷, 신발, 컴퓨터 등 많은 물건들이 인터넷 쇼핑몰을 통해 거래되고 있어. 그러니까 인터넷 쇼핑몰도 시장이라고 할 수 있어.

인터넷 쇼핑몰

시장의 종류는 다양해.

동네의 재래 시장을 비롯해 남대문 시장, 동대문 시장, 농수산물 시장 뿐만 아니라 백화점, 대형 할인점 등도 시장이라고 할 수 있어. 시장은 크기와는 관계가 없어. 또 눈에 보이지 않는 시장들도 있는데 주식 시장, 부동산 시장, 금융 시장 등이 있지.

자, 그러면 거래가 이루어지는 모든 곳이 시장이니까 우리 주변에 얼마나 많은 시장이 있는지 알 수 있겠지?

백화점

대형 할인점

아하! 개념

- 사고파는 거래가 이루어지는 모든 곳을 시장이라고 한다.
- 시장에는 인터넷 쇼핑몰처럼 일정한 장소를 가지지 않는 것도 있다.

18 인터넷 쇼핑몰은 시장이 아니다 (X)

물건 가격이 오르면 판매자는 더 많은 수입을 얻을 수 있다 (X)

궁금하다! 궁금해!

- 가격이 오르면 과일 가게 주인의 판매 수입도 늘어나게 될까?
- 가격을 낮추어 팔면 소비자들만 좋을까?

"어느 날 갑자기 과일들의 가격이 모두 2~3배 올랐어. 그럼 과일 가게 아저씨의 돈벌이는 어떻게 될까? 가격이 오르기 전에는 사과 1개를 팔면 천 원을 받았지만, 가격이 오른 후에는 3천 원이나 받을 수 있게 돼. 이렇게 되면 가격이 오르기 전보다 과일을 팔아 받게 되는 돈이 늘어나지 않을까?"

그런데 과일 가게 아저씨는 좋아하시기보다는 오히려 가격이 너무 오른 것을 걱정하고 계셔. 가격이 너무 오르면 손님들이 과일을 사지 않기 때문일까?

가격과 판매 수입은 어떤 관계인지 살펴보자.

오개념탈출 — 가격과 판매 수입

가격이 변동하면 판매량이 달라져.

오른쪽 표를 봐. 빵 가격이 5백 원일 때 10개의 빵이 팔려서 판매 수입은 5천 원이었어. 그런데 밀가루 가격이 올라 빵 가격이 8백 원으로 올랐다고 해 보자. 예전처럼 빵을 살까? 아니면 그대신 튀김이나 과자를 살까? 빵을 좋아하는 친구라면 빵을 사겠지만, 5백 원 밖에 없다면 다른 것을 사겠지. 그래서 표에서처럼 빵 가격이 5백 원일 때는 10개가 팔리고, 8백 원일 때는 5개가 팔려서 오히려 빵 가격이 오른 후에 판매 수입이 줄어들었어.

빵의 가격	빵이 팔린 갯수	판매 수입
500원	10개	5,000원
800원	5개	4,000원

이처럼 물건의 가격이 오르면 일반적으로 사람들은 물건을 덜 사려고 해. 그래서 판매량이 크게 줄어들면, 판매 수입은 줄어들 수 있지. 반대로 물건 값이 낮아지면 더 많이 팔리기 때문에 판매량이 크게 늘어나면, 판매 수입은 증가할 수도 있어.

더 많은 수입을 얻기 위해 가격을 낮추어 팔기도 해.

우리가 대형 할인점이나 마트에 갔을 때 파격 세일을 하면 어때? 그 물건에 관심을 가지고 사게 되는 경우가 많지? 그렇기 때문에 물건의 가격을 내릴 때 판매 수입은 더 늘어나는 경우가 많아.

이게 단지 소비자들을 위해서 가격을 내려서 파는 것일까? 그건 아니야. 물건의 값을 내리게 되면 판매량이 큰 폭으로 올라 판매 수입이 늘어날 수 있기 때문이야. 물건을 싸게 파는 바겐세일 기간 동안에 평소보다 훨씬 많은 손님들이 백화점에 오잖아. 그걸 생각해 보면 쉽게 이해할 수 있을 거야.

그렇다고 계속 가격을 낮추면 어떻게 될까? 물건이 아주 많이 팔려서 판매 수입이 아주 높아질까? 물건 값이 너무 낮으면 생산자가 물건을 만들기 위해 사용한 비용도 안 나올 수 있지. 그러면 판매자는 물건을 팔수록 손해를 보는 거야.

아하! 개념

- 가격이 오르면 사려는 사람이 줄어들고, 가격이 내리면 사려는 사람이 많아진다.
- 판매자들은 더 많은 판매 수입을 얻기 위해 가격을 낮추어 팔기도 한다.

19 물건 가격이 오르면 판매자는 더 많은 수입을 얻을 수 있다 (X)

돈을 만든 건 부자가 되기 위해서였다 (X)

궁금하다! 궁금해!

- 무인도에서 돈이 쓸모 있을까?
- 무인도에서 돈이 많다고 부자라고 할 수 있을까?
- 돈이 생겨난 까닭은 무엇일까?

"흔히 돈이 많은 사람들을 부자라고 해. 부자가 되면 넓은 집에서 살 수 있고, 멋진 자동차도 탈 수 있어. 또 예쁜 옷도 사 입을 수 있고, 맛있는 음식도 많이 먹을 수 있지. 그래서 대부분 사람들이 부자가 되기를 원해. 죄수가 무인도에 요술 램프를 가지고 간 까닭도 요술 램프를 이용해 돈을 많이 만들어 내면 부자로 살 수 있다고 생각했기 때문이야. 그런데 죄수는 돈을 많이 만들어 낼 수 있는 요술 램프를 가지고 간 것을 왜 후회했을까?"

돈은 물건을 사기 위해 필요한 거야. 그런데 무인도에서는 돈으로 아무것도 살 수 없기 때문에 아무 소용이 없었던 거지.

돈은 왜 생겨난 것이고, 무엇에 필요한 것일까? 이제부터 돈에 대해 알아보자.

오개념 탈출 돈의 역사

돈만 많이 만들어 낸다고 해서 모두가 부자가 되는 건 아니야.

원하는 물건을 사기 위해서는 돈이 필요해. 만약 돈으로 물건을 살 수 없다면 돈은 어떤 가치가 있을까? 아마 거의 쓸 데가 없을 거야.

만약 사람들이 왼쪽 그림과 같은 요술 램프를 가지고 있다면 부자가 될 수 있을까? 사람들이 부자가 되었다고 말하기 위해서는 요술 램프를 가지기 전보다 더 많은 물건들을 사서 쓸 수 있어야 해. 그런데 살 수 있는 물건의 양이 늘어나지 않는다면, 요술 램프를 이용해 돈을 아무리 많이 만들어 내더라도 더 많은 물건을 살 수는 없기 때문에 소용이 없어. 그러니까 돈만 많이 만들어 낸다고 해서 사람들이 모두 부자가 되는 것은 아니야.

경제 활동을 편리하게 하기 위해 생겨난 것이 돈이야.

돈은 왜 생겨난 것일까? 돈이 생겨나기 전에 사람들은 물물 교환을 했어. 물물 교환이 뭐냐고? 필요한 것을 얻기 위해 다른 사람이 생산한 물건과 자신이 생산한 물건을 바꾸는 것을 말해.

물물 교환이 이루어진 시대에는 생활이 얼마나 불편했을지 한번 생각해 봐. 어떤 사람이 가진 물건을 내가 가진 물건과 바꾸고 싶어도 상대방이 내 물건을 원하지 않는다면 바꿀 수 없었겠지. 그리고 무거운 물건을 들고 다니면서 바꿀 상대를 찾으러 다녀야 했을 테니 정말 힘들었을 거야. 이런 불편함 때문에 생겨난 것이 바로 돈이야. 돈이 생겨나면서 물건을 바꿀 상대방을 찾으러 다니지 않아도 되었기 때문에 보다 편리하게 경제 활동을 할 수 있게 되었어.

물론 처음에 사용되었던 돈은 지금의 돈과 달랐어. 먼 옛날에는 조개 껍데기, 돌 등이 돈으로 사용되었고, 소금, 곡식, 금, 은과 같은 것들이 사용되기도 했어. 그러다가 점점 가지고 다니기 편리하도록 가벼워지고 간편하게 바뀌었지.

화폐의 발달 과정

물품 화폐

↓

금속 화폐

↓

지폐

↓

신용 카드

아하! 개념
- 돈은 편리한 경제 활동을 하기 위해 생겨난 것이다.
- 돈을 많이 만들어 낸다고 해서 모두 부자가 될 수 있는 것은 아니다.

21 돈의 가치는 변하지 않는다 (X)

궁금하다! 궁금해!

- 10년 전 백만 원과 10년 후 백만 원이 다르다는 게 무엇일까?
- 돈의 가치가 변하는 걸까?
- 돈의 가치가 변하는 이유는 무엇일까?

"우리가 사용하는 돈에는 일정한 금액이 표시되어 있어. 그러니까 10년 전의 백만 원이나 지금의 백만 원은 똑같은 거 아닐까? 그런데 위의 그림에서는 왜 다르다고 말하는 걸까? 만약 위의 그림대로라면 돈의 금액이 표시되어 있어도 그 가치가 달라질 수 있다는 뜻인데, 과연 그럴까?"

돈에 표시된 금액이 진정한 돈의 가치는 아니라고 해. 돈의 가치는 물건을 얼마만큼 살 수 있느냐에 따라 변하기 때문이야. 돈의 가치가 변하는 경우를 알아보고, 물가에 따라 돈의 가치가 달라지는 경우를 알아보자.

오개념 탈출 돈의 가치

동전이나 지폐에 표시된 금액이 진정한 돈의 가치는 아니야.

만약 어떤 사람이 10년 전에는 만 원으로 라면 10개, 사과 5개, 빵 3개, 주스 1병을 살 수 있었는데, 지금은 똑같은 만 원으로 라면 7개와 사과 3개 밖에 살 수 없다고 가정해 보자. 과연 10년 전과 지금의 만 원의 가치가 같다고 말할 수 있을까?

10년 전 만 원으로 살 수 있었던 물건들

당연히 같다고 말할 수 없을 거야. 10년 전의 만 원으로는 더 많은 물건들을 살 수 있었으니까 가치가 훨씬 크겠지. 이처럼 돈은 금액이 같다고 해서 언제나 가치가 같은 것은 아니야. 돈의 가치는 물건들을 얼마만큼 살 수 있느냐에 따라 변해.

동일한 금액의 돈으로 물건들을 더 많이 살 수 있게 되면 돈의 가치가 올랐다 혹은 커졌다고 말해. 그 반대로 동일한 금액의 돈으로 더 적은 물건들을 살 수 있게 되면 돈의 가치가 내렸다 혹은 작아졌다고 말해.

10년 후 만 원으로 살 수 있는 물건들

물가가 오르거나 내리면 돈의 가치는 달라지게 돼.

어떤 경우에 돈의 가치가 작아질까? 물가가 올라가는 경우가 그래. 물가는 어떤 한 상품의 가격을 뜻하는 것이 아니라, 여러 상품 가격들의 전반적인 움직임을 나타낸 말이야.

만약 몇 가지 상품들의 가격이 약간 내렸더라도 다른 많은 상품들의 값이 크게 올랐다면 물가가 올랐다고 말할 수 있을까? 그럴 수 있어. 왜냐하면 전체적으로 볼 때 여러 상품들의 가격이 올라갔다고 말할 수 있기 때문이야. 이제 물가가 올랐다는 말이 무슨 뜻인지 알겠지?

일반적으로, 물가가 오르게 되면 일정한 금액의 돈으로 살 수 있는 물건들의 양은 줄어들기 때문에 돈의 가치는 작아지게 되지. 반대로 물가가 내려가는 경우에는 돈의 가치가 올라가겠지. 이처럼 물가에 따라 돈의 가치는 달라지게 돼.

아하! 개념

- 돈의 가치는 커질 수도 있고 작아질 수도 있다.
- 일반적으로 물가가 오르면 돈의 가치는 작아지고, 물가가 내리면 돈의 가치는 커진다.

물건은 어느 곳에서나 같은 가격에 판매해야 한다 (X)

궁금하다! 궁금해!

- 섬에 있는 가게의 물건 값이 우리 동네 할인점의 물건 값보다 왜 비쌀까?
- 물건을 파는 곳에 따라 가격이 다른 까닭은 무엇일까?
- 어떤 곳에서 물건을 사는 것이 가장 좋을까?

"부모님과 함께 대형 할인점에 물건을 사러 가본 적이 있니? 동네 슈퍼와 비교할 때, 어느 곳이 물건을 더 싸게 팔까? 물건에 따라 다를 수 있지만 대부분 대형 할인점이 더 싸게 팔아. 그러면 동네 슈퍼 아저씨는 물건을 더 비싸게 파니까 잘못된 걸까?"

소비자를 속여 물건을 비싸게 파는 사람들은 잘못된 거지만, 물건을 다른 곳보다 비싸게 판다고 해서 잘못된 거라고 말할 수는 없어. 왜냐하면 비싸게 팔 수밖에 없는 이유가 있기 때문이야. 여기서는 그 이유에 대해 살펴볼 거야.

그리고 물건을 싸게 파는 곳도 있고 비싸게 파는 곳도 있는데 무조건 싸게 파는 곳에서 물건을 사는 것이 좋다고 할 수 있을까? 반드시 그렇다고 말할 수는 없어. 왜 그런지 그 이유에 대해서도 함께 알아보자.

오개념 탈출 유통 단계와 가격

유통 단계가 많아질수록 상품의 가격은 비싸지게 돼.

생산된 물건은 여러 단계를 거쳐 우리 손에 들어오게 돼. 이러한 단계를 유통 단계라고 해. 동네 슈퍼에서 사는 물건은 일반적으로 '생산자 → 도매 시장 → 소매 시장 → 소비자'의 단계를 거치게 되지.

생산자   도매 시장   소매 시장   소비자

도매 시장 생산자로부터 물건을 대량으로 사서 동네 상점과 같은 소매 시장에 물건을 파는 곳

유통 단계는 다양한데, 유통 단계가 많아질수록 가격은 높아지고, 유통 단계가 적으면 가격은 싸지겠지.

농산물 직거래 장터라고 들어봤지? 농산물을 생산한 농민들이 직접 소비자를 만나 거래가 이루어지는 장터인데, 이 경우 유통 단계가 적어 소비자는 싼 가격에 신선한 물건을 살 수 있게 되는 거야.

대형 할인점이 동네 슈퍼보다 물건 값이 싼 이유는 바로 유통 단계가 적기 때문이야. 즉, 대형 할인점의 경우는 동네 슈퍼처럼 도매 시장을 거쳐 물건을 들여와 판매하는 것이 아니라 생산자로부터 물건을 들여와 판매하기 때문에 동네 슈퍼보다 더 싸게 팔 수 있는 경우가 많아.

물건을 파는 곳들은 그 나름대로 장점과 단점이 있어.

물건을 싸게 파는 곳에서 물건을 사는 것이 항상 좋을까? 적은 수량의 물건을 사기 위해 5분 거리에 있는 동네 슈퍼에 가는 것이 나을까? 30분이 걸리는 대형 할인점에 가는 것이 나을까? 멀리 있는 대형 할인점까지 가는 것은 시간이 오래 걸리고, 차비도 많이 들 거야. 이처럼 물건을 파는 곳들은 나름대로 장점도 있고 단점도 있어. 그러니까 어떤 곳이 가장 좋다고 한마디로 말할 수 없어. 무엇보다 중요한 것은 물건을 파는 곳들의 장단점을 생각해 보고, 자신에게 알맞은 곳을 선택하는 거야.

아하! 개념

- 유통 단계는 물건의 가격에 중요한 영향을 미친다.
- 유통 단계가 적을수록 물건의 가격이 싸다.

22 물건은 어느 곳에서나 같은 가격에 판매해야 한다 (X)

나누어 일하는 것보다 각자 일하는 것이 더 효과적이다 (X)

궁금하다! 궁금해!

- 빵 만들기에 있어서 꿀벌 나라와 말벌 나라의 차이점은 무엇일까?
- 꿀벌 나라와 말벌 나라 중 어느 나라가 시합에서 이길까?

"꿀벌 나라와 말벌 나라 중 말벌 나라가 시합에 이겨야 하는 거 아냐? 각자 빵을 완성하는 게 빠를 것 같은데 왜 꿀벌 나라의 빵 만드는 속도가 빠를까?"

빵을 만들기 위해서는 우선, 밀가루로 반죽을 만들고, 반죽으로 빵 모양을 만들고, 그것을 굽고, 구운 빵을 운반하는 일 등을 해야 해. 이 모든 일들을 말벌 나라 선수들처럼 혼자서 한다면 이일 저일을 하느라 많이 움직여야 하기 때문에 시간이 많이 걸렸겠지? 꿀벌 나라 선수들이 빠른 이유는 바로 일을 나누어서 하기 때문이야.

꿀벌 나라 선수들처럼 물건을 만드는 일을 나누어 각자 한 가지 일을 맡아서 하는 것을 분업이라고 해.

분업을 하면 왜 각자 일하는 것보다 더 많은 물건을, 더 빨리 생산할 수 있을까? 또 분업은 직업과 어떤 관계가 있을까? 이 모든 것을 알아보자.

오개념 탈출 분업

분업을 하면 시간을 절약하고, 기술도 향상시킬 수 있어.

분업을 하면 혼자서 모든 것을 하는 것보다 훨씬 효과적으로 일을 할 수 있어. 그리고 각자가 맡은 일의 전문가가 되고, 그 일에 익숙해지면 일하는 속도가 빨라지게 돼.

분업이 이루어지기 시작하면서 직업이 생겨나기 시작했어.

어떤 물건을 생산할 때 일을 나누어 맡도록 하는 것만을 분업이라고 하는 건 아니야. 사람들이 다양한 직업을 가지고 생활해 나가는 것도 분업의 한 모습이야.

농부, 어부, 제과점 주인 등과 같이 여러 직업에 종사하는 사람들이 하는 일을 한번 생각해 봐. 농부는 농사짓는 일을, 어부는 고기 잡는 일을, 제과점 주인은 빵 만드는 일을 주로 하잖아. 그러니까 사람들 사이에서도 일을 나누어 맡았다고 할 수 있지. 다양한 직업을 가지고 저마다 맡은 일을 하면서 살아가는 우리 사회는 곧 분업 사회라고 할 수 있겠지.

아주 먼 옛날, 사람들은 필요한 것을 스스로 생산하여 사용했어. 이를 '자급자족'의 시대라고 하지. 그러다가 자신이 생산한 물건 중 일부를 다른 사람이 생산한 다른 물건과 바꾸기 시작했지. 이렇게 물물 교환이 이루어지면서 고기 잡이, 농사, 사냥처럼 자기가 잘할 수 있는 어떤 일에 전념하기 시작했어. 이렇게 분업이 이루어지기 시작하면서 농부, 어부, 사냥꾼과 같은 직업이 생겨나기 시작한 거야.

아하! 개념

- 분업을 하면 혼자서 물건을 만드는 것보다 같은 시간에 더 많은 물건을 생산할 수 있다.
- 직업은 분업의 한 모습이라고 할 수 있으며, 분업이 이루어지기 시작하면서 직업이 생겨났다.

23 나누어 일하는 것보다 각자 일하는 것이 더 효과적이다 (X)

개념 24 회사에 다녀야만 소득을 얻을 수 있다 (X)

궁금하다! 궁금해!

- 회사를 다니지 않아도 소득이 생길 수 있을까?
- 소득을 얻는 방법에는 어떤 것들이 있을까?
- 생산 활동과 소득은 어떤 관계일까?

"우리 아빠는 ○○ 전자에 다니셔. 난 아빠의 월급날을 손꼽아 기다려. 왜냐하면 용돈을 주시는 날이기도 하거든. 우리 엄마도 아빠의 월급날은 표정이 밝으신 거 같아. 앞으로 한달 간 가정의 살림살이를 꾸려 나가기 위해서는 소득이 있어야 하는데 그 소득이 생긴 거잖아. 그런데 우리 옆집의 철수 아빠는 직장을 그만두셨대. 그럼 철수네 집은 소득을 얻을 수 없잖아. 그런데 철수네는 걱정이 없대. 시골에 있는 땅을 빌려 주고 돈을 받기로 했기 때문에, 먹고 사는 데에 지장이 없고 오히려 직장 다니는 것보다 더 많은 돈을 벌 수 있대. 그런데 이것도 소득이라고 할 수 있어? 소득은 직장에서 받는 월급만을 말하는 게 아니야?"

소득을 얻는 방법에는 직장을 다녀서 월급을 받는 것 말고도, 사업 소득, 재산 소득 등이 있어. 소득에 대해 자세히 살펴보자.

오개념 탈출 소득

소득은 생산 활동과 관계가 있어.

일반적으로 소득이라고 하면 일을 해서 벌어들인 돈을 말해. 소득은 다양한 생산 활동을 통해 얻어지는 것이므로 생산 활동과 소득은 서로 깊은 관계가 있어.

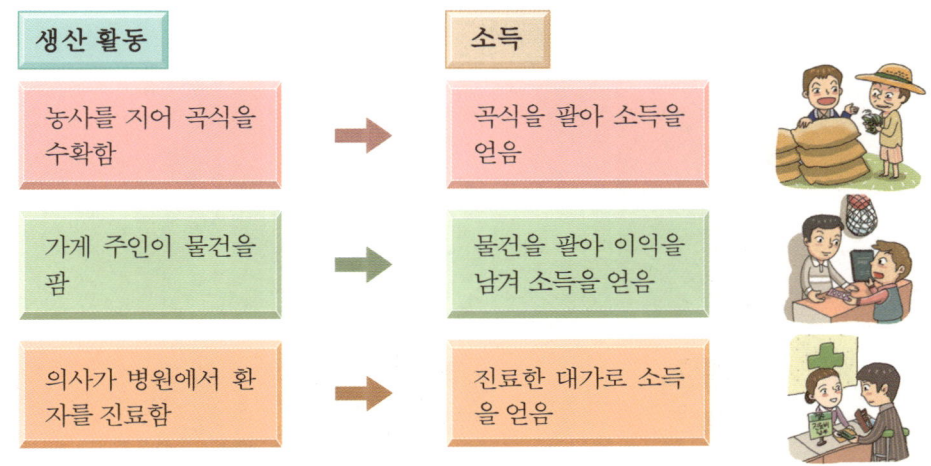

소득에는 여러 종류가 있어.

많은 사람들이 회사나 공장 등의 직장에서 일하고 소득을 얻어. 이러한 소득을 근로 소득이라고 해.

또 많은 사람들이 음식점, 학원, 슈퍼, 회사, 공장 등을 직접 운영해서 소득을 얻기도 해. 이렇게 해서 얻은 소득을 사업 소득이라고 해.

또 사람들은 자신이 갖고 있는 재산을 이용하여 소득을 얻기도 해. 이러한 소득을 재산 소득이라고 하지. 재산 소득에는 은행에 저축하거나 다른 사람에게 돈을 빌려 준 대가로 받게 되는 이자 소득, 땅이나 건물 등을 빌려 주고 그 대가로 받는 돈인 부동산 임대 소득 등이 있어.

이렇게 사람들은 다양한 방법으로 소득을 얻지.

아하! 개념

- 소득은 생산 활동을 통해 얻게 된다.
- 소득에는 근로 소득, 사업 소득, 재산 소득 등이 있다.

24 회사에 다녀야만 소득을 얻을 수 있다 (X)

오개념 25. 돈을 얻기 위해 하는 일은 모두 직업이다 (X)

궁금하다! 궁금해!

- 돈을 버는 일이면 모두 직업이라고 할 수 있을까?
- 고장 사람들은 어떤 직업을 가지고 있을까?

"이몰래씨가 하는 일은 직업이 아니기 때문에 경찰에 체포되었어. 이몰래씨는 그동안 많은 돈을 벌어왔는데… 왜 직업이 아닐까? 가정의 살림살이에 필요한 돈을 어떻게 마련하는지 한번 생각해 봐. 대부분 부모님들께서 어떤 직업을 가지고 일을 하셔서 돈을 벌 거야. 하지만 직업이 없다면 돈을 벌 수 없기 때문에 살림살이가 매우 어려워지겠지. 그러니까 돈을 벌기 위해 하는 일은 모두 직업이 아닐까?"

하지만 이몰래씨는 법을 어기고 몰래 물건을 들여와 팔았어. 이렇게 사회에 해가 되는 일은 직업이라고 하지 않아. 이제 경찰이 이몰래씨를 체포한 이유를 알겠지?

자, 직업에는 어떤 것이 있는지 살펴보자.

오개념 탈출 직업

직업이란 것은 사회에 도움이 되어야 해.

대부분 사람들이 직업을 가지고 일을 하면서 살아가고 있어. 이렇게 사람들이 직업에 종사하는 주된 이유 중의 하나는 바로 돈을 벌기 위해서야. 그렇기 때문에 돈을 벌기 위해 하는 일은 모두 직업이라고 생각하기 쉬울 거야. 하지만 이 생각이 반드시 옳다고 할 수는 없어. 소매치기처럼 남의 돈을 훔쳐서 돈을 버는 일은 직업이라고 할 수 없으니까.

즉, 사회에 도움이 되어야 직업이라고 할 수 있어. 의사, 교사, 우체부, 운전 기사 등과 같은 직업들이 사회에 어떤 도움을 주는지 생각해 보면 쉽게 이해할 수 있을 거야.

고장마다 주요 직업이 달라.

고장에 따라 주요 직업이 따른 까닭은 자연 환경과 밀접한 관련이 있어. 우리 고장의 자연 환경이 어떤 일을 하기에 알맞은 조건을 갖추고 있다면 그 일을 하는 것이 가장 유리하기 때문이야.

예를 들어 기름진 평야와 강이 있는 곳은 농사를 짓기에 알맞은 자연환경을 갖추고 있기 때문에 농부가 많겠지. 바다가 펼쳐진 해안가에서는 물고기를 잡거나 양식장을 하는 편이 훨씬 유리하기 때문에 어부가 많고, 산으로 둘러싸인 산지촌에서는 약초를 캐거나 아름다운 경치를 이용해 관광객을 상대로 장사를 하는 사람이 많을 거야. 인구가 많은 도시에서는 공장이나 사무실에서는 일하는 사람이 많겠지.

평야 지역의 직업

해안 지역의 직업

도시 지역의 직업

아하! 개념

- 직업을 갖는 가장 큰 이유는 소득을 얻기 위해서이다.
- 돈을 버는 일이라도 사회에 해가 되는 일은 직업이라고 할 수 없다.
- 고장에 따라 주요 직업이 다른 것은 자연환경이 다르기 때문이다.

오개념 26 가지고 있는 돈을 모두 저축하는 것이 합리적이다 (X)

자린고비

궁금하다! 궁금해!

- 저축을 많이 하면 나라 경제에 도움이 되는 것일까?
- 사람들이 소비를 하지 않고 저축만 한다면 경제는 어떻게 될까?

"우리 친구들도 저축을 하고 있지? 그리고 저축은 많이 할수록 좋다고 생각하지? 그런데 위의 그림에서 자린고비의 친구는 자린고비에게 무식한 소리를 한다고 했어. 사람들이 저축을 많이 하게 되면 나라 경제에 어떤 일이 일어나길래 이런 말을 했을까? 만약 저축을 많이 하는 것이 나라 경제에 좋지 않다면 저축을 적게 해야 나라 경제에 도움이 되는 것일까?"

저축을 하면 물론 좋은 점이 많지. 예상치 못한 질병에 걸리거나 사고를 당하여 큰돈이 들어갈 때를 대비할 수 있고, 또 집이나 자동차를 사려고 할 때나 결혼을 하거나 대학에 들어갈 때처럼 많은 돈이 필요한 경우에 저축한 돈을 사용할 수도 있어.

하지만 저축을 늘리기 위해 국민들이 돈을 적게 쓰면 소비가 크게 줄어들어 나라 경제 전체가 어려워질 수도 있다고 해.

저축과 경제의 관계, 그리고 저축을 합리적으로 하는 방법을 알아보자.

오개념 탈출 저축

저축을 위해 소비를 크게 줄이면 나라 경제가 어려워지게 돼.

만약 사람들이 저축을 많이 하기 위해서 소비를 큰 폭으로 줄인다면 경제는 어떻게 될까? 우선 물건이 그 전보다 훨씬 적게 팔릴 거야. 이렇게 되면 기업들은 생산을 줄이게 되고, 많은 사람들이 일자리를 잃게 되지. 또 돈을 벌 수 없기 때문에 가정의 살림살이는 물론 나라 경제 전체가 매우 어려워지게 될 거야.

저축을 적게 할수록 기업들은 활동하기 어렵게 돼.

만약 사람들이 위와는 정반대로 저축을 하지 않으려고 한다면 어떻게 될까? 기업들이 생산 활동을 하기 위해서는 많은 돈이 필요해. 그래서 기업들은 사람들이 저축한 돈을 은행으로부터 빌려 사용한 뒤에, 나중에 물건을 팔아서 번 돈으로 빌린 돈을 갚아. 사람들의 저축이 크게 줄어들면 기업들은 은행에서 돈을 빌리기 어려워지고, 그렇게 되면 기업들이 활동하는 데 어려움이 생기게 돼. 결국 경제 전체가 발전하기 어렵게 되지.

저축은 합리적으로 해야 해.

갖고 있는 돈을 모조리 저축하는 것도 합리적이라고 할 수 없어. 꼭 써야 할 돈과 쓰지 않아도 되는 돈을 잘 판단하고 선택해서 합리적인 저축을 해야 해.

저축이 중요하다고 해서 살아가기 위해 꼭 필요한 먹을 것과 입을 것을 위한 돈까지 쓰지 않을 수는 없어. 바이올린 연주자가 되는 것이 꿈인 친구가 바이올린을 사거나, 바이올린 강습을 받을 돈까지 저축한다면 그건 합리적인 저축이 아니겠지.

자, 저축을 너무 많이 하는 것도 나쁘고, 너무 적게 하는 것도 좋지 않다면 어떻게 돈을 써야 하는 것일까? 그래 맞아. 돈의 씀씀이에 대한 계획을 미리 세워 적절하게 소비하고 저축하는 것이 필요해.

아하! 개념

- 저축을 지나치게 많이 하면 소비가 줄어들어 경제 전체가 어려워질 수 있다.
- 저축을 하지 않으면 기업들이 생산 활동을 하기 어렵게 된다.
- 합리적인 소비와 저축 계획이 필요하다.

26 가지고 있는 돈을 모두 저축하는 것이 합리적이다 (X)

돈을 저축할 때와 빌릴 때의 이자는 같다 (X)

궁금하다! 궁금해!

- 돈을 빌릴 경우 은행에 내야 하는 이자와 예금할 경우 받게 되는 이자가 왜 다를까?
- 예금 이자와 대출 이자는 어떤 관계가 있을까?

 "돈을 예금할 경우 받게 되는 이자를 '예금 이자' 라고 하고, 돈을 빌릴 경우 지불해야 하는 이자를 '대출 이자' 라고 해. 그렇다면 예금 이자와 대출 이자는 어떤 관계가 있을까? 예금 이자보다 대출 이자를 높게 말한 은행 직원이 말 실수를 한 것일까? 아니면, 대출 이자와 예금 이자가 똑같아야 된다고 생각한 어리버리씨가 그 이름처럼 어리버리한 것일까?"

 은행도 이윤 추구를 목적으로 하는 기업이야. 예금 이자와 대출 이자가 같으면 은행은 이윤을 남길 수가 없어. 예금 이자와 대출 이자에 차이가 나는 이유와 이자가 올라가거나 내려가는 경우는 언제인지에 대해 알아보자.

오개념 탈출 - 예금 이자와 대출 이자

예금 이자보다 대출 이자가 높아야 은행도 돈을 벌 수 있어.

천만 원을 빌려 준 사람한테는 매달 3만 원의 이자를 받고, 천만 원을 예금한 사람에게는 매달 3만 원을 이자로 준다면, 은행은 돈을 벌 수 있을까? 받은 이자를 그대로 예금 이자로 주게 되므로 은행은 돈을 벌 수 없어.

만약, 대출 이자가 예금 이자보다 높다면 어떻게 될까? 대출 이자와 예금 이자의 차이만큼 은행은 돈을 벌 수 있게 돼. 대출 이자가 예금 이자보다 높은 이유는 바로 은행도 돈을 벌어야 하기 때문이야. 은행들도 돈을 벌어야 직원들의 월급, 전기세 등과 같이 은행 운영에 필요한 경비를 마련할 수 있잖아.

은행은 이렇게 이자를 통해 돈을 벌기도 하지만, 다른 곳으로 돈을 보낼 때나, 외국 돈과 우리나라 돈을 서로 바꿔 줄 때 내야 하는 수수료 등도 은행의 수입이지.

돈을 빌리기가 어려워지면 이자는 올라가게 돼.

은행 이자는 물건 가격과 같이 올라가거나 내려가기도 해. 사려는 사람들이 많은 데 비해 물건이 부족하게 되면 물건의 가격은 올라가지. 이와 마찬가지로 돈을 빌리려는 사람들은 많은데, 빌려 줄 돈이 부족한 경우에는 이자가 올라가. 반대로 사람들이 저축을 많이 해서 빌려 줄 돈은 늘어났는데 돈을 빌리려는 사람들이 줄어들어 돈을 빌리기가 더 쉬워지면 이자는 내려가지.

이자가 올라가면 소비는 어떻게 될까? 이자가 오르면 사람들은 저축을 늘리려고 할거야. 또 돈을 빌리려는 사람의 입장에서는 이자가 올라가면 부담이 되기 때문에 돈을 빌려서 물건을 사려고 하지 않을 거야. 그래서 이자가 오르게 되면 소비가 줄어들게 되고, 반대로 이자가 내려가면 소비가 늘어나겠지.

아하! 개념

- 대출 이자는 예금 이자보다 높다.
- 돈을 빌리기 어려워지면 대출 이자는 올라가고, 그 반대의 경우에는 대출 이자가 내려간다.
- 예금 이자가 오르면 저축이 늘어나고 소비가 줄어들며, 예금 이자가 내려가면 저축은 줄어들고 소비는 늘어난다.

27 돈을 저축할 때와 빌릴 때의 이자는 같다 (X)

 28 어린이들은 세금을 내지 않는다 (X)

> **궁금하다! 궁금해!**
> - 세금은 어른들만 내는 것일까?
> - 세금을 걷지 않으면 국민들이 더 잘살 수 있게 될까?

"어른들은 일해서 돈을 벌게 되면 그 일부를 세금으로 내야만 해. 가끔씩 집에서 자동차세나 재산세와 같은 세금 영수증을 본 적이 있을 거야. 이러한 세금들은 누가 내니? 대부분 부모님들께서 내시지? 그러니까 세금은 어른들만 낸다고 할 수 있지. 그런데 세금은 왜 내는 걸까? 세금을 내지 않으면 그만큼 우리가 가질 수 있는 돈이 늘어나서 저축도 많이 할 수 있고, 더 많은 물건을 살 수도 있지 않을까?"

어른들만 세금을 내는 건 아니야. 우리도 부가 가치세라는 세금을 내고 있어. 어! 못 믿겠다고? 아마 어제 과자를 사 먹었다면 과자에도 세금이 붙어 있으니까 너희들도 세금을 낸 게 되는 거야.

지금부터 부가 가치세는 무엇이고, 그 밖에 세금의 종류와 세금을 내는 이유를 알아보자.

오개념탈출 세금

우리가 내는 물건 가격에는 세금이 포함되어 있어.

어른들이 내는 세금에는 여러 가지가 있어. 소득을 얻을 때 내는 소득세, 재산을 가지고 있는 경우에 내는 재산세, 자동차를 가진 사람들이 내는 자동차세, 돌아가신 부모님으로부터 재산을 물려 받았을 경우에 내는 상속세 등이 있어.

그리고 부가 가치세라는 것이 있어. 부가 가치세는 물건을 사거나 서비스를 이용할 때 내는 가격에 포함된 세금을 말하는데, 흔히 줄여서 부가세라고 부르기도 해.

부가 가치세는 물건이나 음식, 서비스 가격에 포함되어 있기 때문에, 돈을 내는 사람은 부가 가치세를 내고 있다는 사실을 모르는 경우가 많아. 휴대 전화 이용 요금에도 부가 가치세가 포함되어 있고, 우리들이 사는 과자, 학용품, 장난감의 가격에도 부가 가치세가 포함되어 있어. 그러니까 어린이들도 어른들과 마찬가지로 세금을 낸다고 할 수 있겠지.

세금을 걷는 이유는 국민들의 안전하고 편리한 생활을 위해서야.

세금은 수도세나 전기세와 같이 어떤 것을 사용한 대가로 내는 돈이 아니라 국민이면 당연히 의무적으로 내야 하는 돈이야.

한 개인의 입장에서 볼 때, 세금은 적게 낼수록 자신이 쓸 수 있는 돈이 많아지기 때문에 좋다고 생각할 수 있을 거야. 하지만 나라에서 하는 일을 한번 생각해 봐. 나라에서는 국민들의 편안하고 안전한 생활을 위해 범죄를 예방하고, 다리, 도로 등과 같은 필요한 시설을 마련하잖아. 세금을 걷지 않으면 이러한 일들을 할 수 없게 돼서 국민들은 불안하고 불편한 생활을 할 수 밖에 없어. 그러니까 세금을 성실하게 내는 일이 얼마나 중요한 일인지 알겠지?

아하!개념

- 우리가 사는 물건의 가격에는 부가 가치세라는 세금이 포함되어 있다.
- 세금은 국민이면 의무적으로 내야 하는 돈으로서, 국민들의 안전하고 편리한 생활을 위해 필요하다.

개념

정치

오개념 29 | 대한민국 국민이라면 누구나 대통령 선거에 참여할 수 있다(X)

오개념 30 | 시민 단체는 정부의 정책을 방해만 한다(X)

오개념 31 | 우리 고장은 대통령이 직접 다스린다(X)

오개념 32 | 시청과 시의회에서는 같은 일을 한다(X)

오개념 33 | 헌법은 우리 생활과 관련이 적다(X)

오개념 34 | 민주주의에서는 다수의 의견을 반드시 따른다(X)

오개념 35 | 공공 기관은 어른들만 이용하는 곳이다(X)

오개념 36 | 규범은 사람들의 자유를 제한하기만 한다(X)

오개념 37 | 나라의 정책을 항상 잘 따르는 사람이 시민 의식이 높다(X)

오개념 38 | 민주주의가 발달할수록 지역 사회 문제가 적다(X)

대한민국 국민이라면 누구나 대통령 선거에 참여할 수 있다 (X)

궁금하다! 궁금해!

- 왜, 선생님은 전교 어린이 회장 선거에서 선거권이 없을까?
- 선거에 참여할 수 있는 대상은 누구일까?
- 선거에는 어떤 원칙이 있을까?

"학교에서 전교 어린이 회장 선거에 참여해 본 적 있지? 선거에서 물론 자신이 지지하는 후보자에게 투표를 했겠지. 그런데 이 선거에는 담임 선생님, 교감 선생님, 교장 선생님은 투표를 할 수 있는 자격이 없어. 우리 학교에 소속되어 있는 사람인데, 왜 선거에 참여하지 않을까? 선생님들은 너무 바쁘셔서 선거에 참여할 시간이 없는 걸까? 아니면 우리가 선거를 잘 하는지 지켜보기 위해서 선거에 참여하시지 않는 걸까?"

이와 마찬가지로 대통령, 국회의원, 시장 선거에서도 어른들만 선거에 참여하고 우리들은 선거에 참여할 수 없어. 우리들에게는 이 선거에 참여할 수 있는 선거권이 없기 때문이야. 왜 그럴까?

오개념 탈출 선거권

우리나라는 만 19세 이상이면 누구나 선거에 참여할 수 있어.

옛날에 외국에서는 여자나 흑인, 가난한 사람들에게 선거권이 없었던 적도 있었어. 선거를 가장 먼저 실시했던 영국에서는 처음에는 여자에게 선거권을 주지 않았어. 그리고 1918년이 되어서야 30세 이상의 여성에게도 선거권을 주었대.

그 뒤 많은 여성들이 선거권을 얻기 위한 투쟁을 하면서 1928년부터 남성과 똑같이 21세 이상의 모든 여성에게 선거권이 주어졌지.

지금 서남 아시아의 어떤 나라에서는 아직도 여자에게 선거권을 주지 않는대. 불공평하다는 생각이 들지? 인간은 누구나 똑같이 평등한데 말이야.

우리나라에서는 현재 만 19세 이상이 되면 누구나 선거에 참여할 수 있어. 마치 초등학교에서 3학년 또는 4학년 이상인 학생이라면 누구나 전교 어린이 회장 선거에서 투표를 할 수 있는 것처럼 말이야.

선거 일정한 조직이나 집단에서 그 대표자를 투표 등의 방법으로 뽑는 것

투표 선거나 어떤 일을 의결할 때 자신의 의사를 밝히는 것

선거에는 4가지 원칙이 있어.

인간은 모두 평등하다는 민주주의의 근본 정신에 의해 일정한 나이가 되면 누구에게나 선거권을 주는 것을 '보통 선거'라고 해.

그리고 전교 어린이 회장 선거를 할 때 누구에게나 한 표의 투표권만 주어지지? 선거권이 있는 사람이라면 누구나 똑같이 1표씩만 투표를 하도록 하는 것을 '평등 선거'라고 해.

기표소에서 투표하는 모습

기표소 투표 용지에 표시하는 장소

이 밖에도 우리가 회장 선거를 하면서 직접 투표를 하는 것처럼, 다른 사람에게 나 대신 투표하라고 하지 않고 직접 투표 하는 것을 '직접 선거'라고 하지.

그리고 기표소에 들어가서 다른 사람이 알지 못하게 투표하는 것을 '비밀 선거'라고 해.

아하! 개념

- 우리나라에서는 만 19세 이상의 모든 국민은 선거에 참여할 수 있다.
- 선거의 원칙에는 보통 선거, 평등 선거, 직접 선거, 비밀 선거가 있다.

대한민국 국민이라면 누구나 대통령 선거에 참여할 수 있다 (X)

시민 단체는 정부의 정책을 방해만 한다 (X)

궁금하다! 궁금해!

- 시민 단체는 왜 댐 건설을 반대할까?
- 시민 단체는 어떤 일을 할까?
- 시민 단체의 활동은 왜 중요할까?

 "신문이나 뉴스에서 종종 시민 단체가 정부의 정책을 반대하면서 피켓을 들고 시위하는 장면을 본 적이 있지? 정부에서는 홍수 피해를 막고, 가뭄에 대비하기 위해서 댐을 만들려고 하는데, 몇몇 시민 단체들은 댐을 만들려고 하는 정부의 정책에 반대를 해. 그래서 시민 단체는 나라의 발전을 막는 것으로 보여."

 하지만 시민 단체는 정부의 일을 반대만 하는 것은 아니야. 정부의 입장과 같은 생각을 가지고 정부의 정책을 널리 알리기도 하지. 그렇다면 이러한 시민 단체는 왜 있고, 우리 사회에 얼마나 중요한 역할을 하는지 알아보자.

오개념탈출 시민 단체

시민 단체는 시민들이 스스로 만든 집단이야.

시민 단체는 사회 전체의 이익을 위해 시민들이 스스로 만든 집단을 말해. 정부와 관련 없는 기구라는 뜻에서 NGO(Non-Government Organization), 시민 단체라는 뜻에서 CSO(Civil Society Organization)라고 부르기도 해.

현재 우리나라에는 약 4천여 개의 시민 단체가 있고, 이 시민 단체들은 보다 나은 사회를 만들기 위해 활동하고 있어. 정치, 경제, 환경, 교육, 사회 복지, 여성 등 그 분야도 매우 다양해. 이러한 다양한 문제들에 대해 뜻을 같이하는 시민들이 모여 자신들의 뜻을 적극적으로 알리는 일을 하고 있어.

시민 단체는 우리 사회에 중요한 역할을 해.

정부가 댐을 건설하려고 할 때, 환경을 생각하는 시민 단체가 나서서 반대를 하면 정부는 바로 댐을 건설하지 못해. 환경 변화에 대한 조사를 실시하고, 더 많은 토론을 거쳐 정책에 반영하게 되지. 이러한 과정을 통해 정책이 실현되면, 우리는 댐 건설로 인한 자연환경의 파괴나 변화를 줄일 수 있게 돼.

시민 단체의 활동

또 정부가 세금을 낭비하지는 않는지 감시하는 시민 단체가 있기 때문에 정부에서는 함부로 예산을 사용하지 못해.

이 밖에도 불우한 이웃을 돕기 위한 자원 봉사를 하는 시민 단체와 어린이를 보호하기 위해 어린이 범죄를 추방하려는 목적을 가진 시민 단체들도 있어.

이렇듯 시민 단체는 개인이나 집단의 이익을 추구하지 않고, 시민들의 인간다운 생활을 추구하지. 정부는 시민 단체들의 의견을 받아들여 정책에 반영하기 때문에, 시민 단체의 역할은 매우 중요해.

아하! 개념

- 시민 단체는 시민들이 스스로 만든 단체이다.
- 시민 단체는 정치, 경제, 환경, 교육, 사회 복지 등 다양한 분야에서 활동한다.
- 시민 단체들의 의견은 정부 정책에 반영되기도 한다.

30 시민 단체는 정부의 정책을 방해만 한다 (X)

오개념 31. 우리 고장은 대통령이 직접 다스린다 (X)

> 그런걸 대통령께 부탁드리면 어떡해? 우리나라는 지방 자치 제도를 실시하고 있는데….

> 우리나라에서 제일 높으신 분이니까 대통령께 부탁하면 고쳐주시겠지?

궁금하다! 궁금해!

- 고장에서 일어난 일을 대통령이 해결해 줄까?
- 지방 자치란 무엇일까?
- 지방 자치 단체에서 하는 일은 무엇일까?

"대통령은 우리나라를 대표하고, 나라의 살림을 맡아 하는 행정부의 최고 책임자인데, 우리 동네의 문제까지 해결하려면 얼마나 힘들까? 과연 동네 놀이터를 짓거나 고쳐주시는 일을 대통령께서 해결해 주실 수 있을까?"

이런 의문점을 가진다면 지방 자치에 대해 알아야 해. 우리나라에서는 지방 선거를 통해 지방 자치 제도를 시행한 지 오래되지 않았어. 그 전에는 대통령의 권력이 집중되는 중앙 집권 제도였지.

중앙 집권과 지방 자치의 차이점을 안다면 지방 자치가 왜 필요한지, 지방 자치 단체에서 하는 일이 무엇인지에 대한 의문점이 풀릴 거야.

오개념탈출 지방 자치의 의미와 필요성

우리나라에서는 지방 자치가 실시되고 있어.

대통령은 국군과 행정부를 통솔하고 국무총리, 대법원장을 임명하는 등 행정부의 최고 지휘권을 가지며, 법률을 집행하는 일을 하고 있어. 우리나라에서는 지금보다 대통령에게 많은 권한을 주었던 시절이 있었는데, 이와 같은 정치 제도를 중앙 집권이라고 해. 그러다가 최초로 1952년에 지방 선거가 실시되었고, 1961년부터 1991년까지 중단되었다가 1995년부터는 지방 자치 단체장과 지방 의회 의원을 한꺼번에 선출하는 전국 동시 지방 선거가 실시되었어.

대통령이 한 나라에서 벌어지는 수없이 많은 지방의 일을 직접적으로 해결하기란 사실상 불가능하지. 그래서 각 지방의 일은 그 지방에서 처리하기 위해 지역 주민들이 지방 자치 단체장과 지방 의회 의원들을 직접 뽑아 일을 맡기고 감독하지. 이를 지방 자치 제도라고 해. 즉 지방 자치란 자기 고장의 일을 주민 스스로 결정하고 실천하는 민주 정치 제도야.

지방 자치에는 좋은 점과 나쁜 점이 있어.

지방 자치 제도를 실시하면서 좋아진 점은 무엇이 있을까? 첫째, 지역을 잘 아는 사람들이 지역의 일을 맡아 지역의 사정에 맞게 일을 하게 되었어. 둘째, 자기가 사는 지역의 일을 직접 결정하고 책임지게 되어서, 지역 주민들이 지역을 사랑하는 마음이 커졌어. 셋째, 지역의 특색을 살려서 그 지역만의 독특한 축제나 문화가 발전하게 되었어. 그런데 이렇게 좋은 점만 있는 건 아니야. 자기 지역의 이익만을 생각하고 나라 전체나 다른 지역은 나 몰라라 하는 지역 이기주의가 생겼어.

지방 자치 제도의 장점은 더 발전시키고, 단점은 줄이려는 노력이 필요하겠지.

공원이나 놀이터를 만들어 주고, 주변 환경을 관리한다.

도로를 건설하고, 상하수도를 설치한다.

아하! 개념

- 지방 자치는 자기 고장의 일을 주민 스스로 결정하고 실천하는 민주 정치 제도이다.
- 지방 자치 단체에서는 우리가 보다 풍요롭고 편리하게 살 수 있도록 많은 일을 한다.

31 우리 고장은 대통령이 직접 다스린다 (X)

시청과 시의회에서는 같은 일을 한다 (X)

궁금하다! 궁금해!

- 여권은 어디에서 발급하는 걸까?
- 시청과 시의회에서는 각각 어떤 일을 할까?
- 시청과 시의회는 서로 어떤 관계가 있을까?

"시청과 시의회는 이름도 비슷하고, 건물도 서로 가까이 있어서 왠지 서로 하는 일도 비슷하게 보여. 시의회는 시청의 다른 이름인가?"

위의 그림에서 여권 발급 신청은 시청에서 할 수 있는 일이야. 물론 시청과 시의회 모두 시민을 위한 일을 한다는 공통점을 가지고 있어. 하지만 그런 이유로 시청과 시의회를 같은 곳으로 생각하면 큰 착각이야.

우리가 국회의원과 대통령을 같은 일을 하는 사람이라고 생각하지 않는 것처럼 시청과 시의회에서 일하는 사람들도 서로 다른 일을 하고 있어.

자! 이제 시청과 시의회가 하는 일이 무엇인지부터 살펴보자.

오개념탈출 시청과 시의회

시청과 시의회에서는 시민들을 위해 여러 가지 일을 해.

각 지역별로 시청에서는 시민들이 더 쾌적하고, 편리하게 살 수 있도록 여러 가지 일을 하고 있어. 공원을 만들어 우리들이 쉴 수 있도록 해 주고, 어린 아이들을 돌보아 주는 어린이집도 운영해. 또 음악회나 전시회 등 문화 생활을 할 수 있는 공간을 마련해 주고, 깨끗한 환경을 위해 쓰레기 수거, 공중 화장실 관리까지 해. 그리고 전염병 예방과 거리의 소독 등을 하고, 도로와 육교의 설치, 불법 주차 단속, 하수도 관리 등 시청에서 하는 일은 참 많아.

시의회

조례 지방 자치 단체가 법령의 범위 안에서 제정하는 규정

그럼 시의회는 어떤 일을 할까? 시의회는 시민의 대표인 시의원으로 구성되어 시청과 함께 시민을 위한 여러 가지 일을 해. 시의회는 시에서 한 해 동안 쓸 돈, 즉 예산안을 심의하고 확정하며, 조례를 제정하고, 시청에서 운영하는 여러 가지 일들이 잘 되고 있는지 감시해. 또 의회를 열어 시민들의 뜻을 전달하고 문제를 잘 해결하는 방법을 찾아내기도 해.

시청과 시의회의 관계는 정부와 국회의 관계와 비슷해.

만약 우리 동네에 공원이 필요해서 짓기로 결정이 나면, 시청에서는 시의회에 공원을 지을 예산 승인을 받게 되지. 그 다음 시청에서는 승인 사실을 시민들에게 알려 주고, 공원을 짓기 시작하는 거야.

시청과 시의회의 관계는 정부와 국회의 관계를 생각하면 쉽게 이해가 될 거야. 즉 시장과 시의원의 관계는 마치 대통령과 국회의원의 관계인 것처럼 생각할 수 있어. 시민들을 위해 시청에서는 직접적인 행정을 하고, 시의회는 행정에 필요한 의견을 내고, 시청이 잘 하고 있는지 감시를 한다고 할 수 있지.

아하!개념

- 시청은 우리 생활이 좀더 편리하고 쾌적할 수 있도록 직접적인 행정을 한다.
- 시의회는 시청이 하는 일을 감시하고 도와주는 일을 한다.

32 시청과 시의회에서는 같은 일을 한다 (X)

헌법은 우리 생활과 관련이 적다(X)

궁금하다! 궁금해!

- 헌법은 무엇일까?
- 헌법은 우리 생활과 어떤 관련이 있을까?

"우리 반에는 학급 규칙이 있어. 그런데 학급 규칙을 잘 지키지 않는 친구들이 많아. 그런데 선생님께서는 학급 규칙을 지키지 않는 친구들은 헌법도 제대로 지킬 수 없을 거라고 하셔. 헌법이 우리 어린이들과도 관련이 있는 걸까?"

학급 규칙은 우리 반의 학생들을 보호하고 안전한 학교 생활을 하도록 돕는 규범이야. 이렇게 학급 규칙이 있는 것처럼 나라에는 국민들을 보호하기 위해 헌법이 존재해. 하지만 많은 어린이들이 헌법이 어떤 건지 잘 모를 거야. 헌법에 쓰여 있는 말들이 어렵고, 헌법 내용이 우리와는 상관이 없다고 생각할 수도 있어. 하지만 사실은 그렇지 않아. 우리 생활에 헌법의 내용이 어떻게 자리잡고 있는지, 헌법에 보장된 내용은 어떤 것들이 있는지 지금부터 알아보자.

오개념 탈출 헌법

헌법은 모든 법 중에서도 가장 최고의 법이야.

헌법에서 가장 중요하게 다루고 있는 문제는 국민의 기본권 보장이라고 할 수 있는데, 기본권이란 모든 국민이 인간답게 살기 위해 꼭 누려야 할 기본적인 권리야. 만약 이러한 기본권이 헌법에 명시되어 있지 않다면 어떤 일이 벌어질까? 누군가 피해를 받아도 문제를 해결할 수 없고, 피해자는 도움을 요청할 수도 없어.

헌법에 보장된 기본권에는 자유권, 평등권, 사회권, 참정권, 청구권이 있어.

헌법에 나타난 기본권 중에 자유권이 있어. 자유권은 국가 권력에 의해 개인의 자유를 침해당하지 않을 권리야. 우리에게 자유란 어떤 의미일까? 마음대로 가고 싶은 곳을 갈 수 있는 자유, 말하고 싶은 것을 말할 수 있는 자유 등 우리에게 자유가 없는 삶이란 상상할 수 없을 거야.

> **위헌** 어떤 법률이나 명령 등의 내용이나 절차 따위가 헌법 규정을 어김

몇년 전에 우리나라에서 공무원 시험을 볼 때 군대를 갔다 온 남자는 여자보다 가산점을 더 받을 수 있는 제도가 있었어. 여자들은 이 제도가 위헌이라며 헌법 재판소에 소송을 냈고, 결국 위헌이라는 판결을 받아 가산점이 없어졌어. 이처럼 평등권이란 모든 국민이 법 앞에 평등하다는 원칙에 따라 성별, 종교 또는 사회적 신분에 의해 차별받지 않는 것을 말해.

또한 우리가 초등학교에서 무상으로 의무 교육을 받는 것도 기본권 중 하나야. 누구나 교육을 받을 권리가 있기 때문이야. 또 쾌적한 생활을 할 권리 등 인간답게 살 수 있도록 헌법에 보장되어 있는 권리가 사회권이지. 사회권에는 근로권, 교육권, 환경권이 속해 있어.

이 밖에도 정치에 참여할 수 있도록 하는 권리인 참정권, 공정한 재판을 받을 수 있도록 권리를 행사하는 청구권이 있어.

이제 잘 알겠지? 헌법은 모든 국민을 위한 가장 기본적이고 제일 높은 법이란 걸. 그리고 헌법이 우리 생활과 밀접한 관련이 있다는 것도.

헌법 재판소의 모습

아하! 개념

- 헌법은 모든 국민이 인간답게 살 수 있도록 기본적인 권리를 보장한 최고의 법이다.
- 기본권에는 자유권, 평등권, 사회권, 참정권, 청구권이 있다.

33 헌법은 우리 생활과 관련이 적다 (X)

민주주의에서는 다수의 의견을 반드시 따른다(X)

궁금하다! 궁금해!

- 민주주의에서는 다수결의 원칙이 최선의 결정일까?
- 다수결의 원칙에 소수의 의견은 반영될까?

"위의 상황처럼 친구들과 함께 정해야 하는 문제라면 다수결의 원칙을 통해 의견을 결정해. 그래서 가장 많은 친구들 의견대로 결정하는 게 대부분이지. 그러면 소수의 의견은 어떻게 되는 거야? 다수는 많고, 소수는 적으니까 소수의 의견을 그냥 무시하면 될 거 같아."

다수결로 결정하게 될 때, 만장일치로 모두가 원하는 것이 결정된다면 가장 좋겠지만, 모두의 의견이 같을 수는 없을 거야. 다수결의 원칙에서는 반대하는 사람 역시 다수결로 결정된 의견에 따라야만 해. 하지만 다수결의 원칙으로 소외되거나 피해를 본다든지, 소수의 의견이 전혀 반영되지 않는다면 과연 올바른 민주주의라고 할 수 있을까? 이런 생각을 한 번이라도 가졌다면 민주주의에서 행해지는 다수결의 원칙과 함께 소수의 의견은 어떻게 존중될지에 대해 알아보자.

오개념 탈출 — 다수결의 원칙과 소수 의견 존중

다수결의 원칙이 항상 적용되는 것은 아니야.

정치에서 1명이 독재로 지배하면 왕정, 소수가 지배하면 귀족정, 다수가 지배할 때 민주정으로 나누게 돼.

민주주의 국가에서는 어떤 일을 결정할 때 다수결의 원칙을 주로 이용하지. 그렇지만 다수결의 원칙이 언제나 옳은 것은 아니야. 그리고 모든 일에 적용되는 것도 아니야. 변하지 않는 진리나 자연의 이치에 따른 현상, 종교 현상, 인권에 대한 문제 등은 다수결의 원칙이 적용될 수 없어.

다수결의 원칙에서는 꼭 지켜야 할 것이 있어.

다수결의 원칙에서 지켜야 할 일은 무엇일까?

먼저, 문제를 해결하기 전에 충분히 함께 토론을 해서 누구나 자유롭게 자신의 의견을 말할 수 있어야만 해. 이 과정에서 소수라고 무시해서는 안 되고, 소수의 의견 역시 존중되어야 하지. 즉 다수의 의견에 따라 결정이 되었다고 해도 소수의 의견을 최대한 반영하도록 노력해야 해. 그래야지 가장 바람직한 방안을 찾을 수 있는 거야.

다수결에 의해 결정을 내리는 국회의 모습

만약 우리 동네에 쓰레기 매립장이 들어선다고 생각해 봐. 우리 동네를 제외한 많은 시민들이 매립장 설치를 찬성한다고 우리 동네에 짓게 된다면 우리 동네 주민들의 불평이 이만저만이 아니겠지? 이렇게 서로 대립되는 상황에서는 서로 타협점을 찾기 위해 대화를 많이 하고, 서로에게 최대한 좋은 방향으로 결정될 수 있도록 합의점을 찾아야 하는 거야.

아하! 개념

- 민주주의의 의사 결정 방식에는 다수결의 원칙이 있다.
- 서로의 의견이 대립될 때 공정한 과정을 거쳐 많은 사람의 의견을 결정의 기준으로 삼아 문제를 해결하는 방식을 다수결의 원칙이라고 한다.
- 다수결의 원칙에서 지켜야 할 일은 충분한 토론과 자유로운 의견 제시, 소수의 의견 존중 등이다.

공공 기관은 어른들만 이용하는 곳이다 (X)

궁금하다! 궁금해!

- 공공 기관은 어른들만 이용하는 곳일까?
- 공공 기관에서 하는 일은 무엇일까?
- 어린이들이 이용할 수 있는 공공 기관에는 무엇이 있을까?

"우리 동네에 주민 자치 센터가 있는데, 엄마가 주민 등록 등본을 발급받거나 인감 증명서를 발급 받으러 가시는 걸 봤어. 주민 자치 센터에서는 증명서만을 발급하는 곳이지? 주민 자치 센터도 공공 기관이니까 그렇다면 모든 공공 기관은 어른들만 이용하는 곳일까?"

공공 기관이라고 하면 주로 어떤 곳이 떠오르니? 주민 자치 센터, 구청, 경찰서, 우체국…. 이러한 곳을 떠올렸을 때 어른들만 주로 이용하고, 어린이들은 잘 가지 않는 곳으로 여겨질 거야. 하지만 주민 자치 센터에서는 어린이들에게 책을 빌려 준다거나, 어린이들을 위한 여러 가지 강좌를 열기도 한단다.

우리가 살고 있는 동네에 어떤 공공 기관들이 있고, 그 곳에서 하는 일이 무엇인지 안다면 앞으로 필요한 일이 있을 때 공공 기관을 올바르게 이용할 수 있을 거야.

오개념탈출 공공 기관의 종류와 하는 일

공공 기관은 공적인 이익을 목적으로 세운 기관이야.

공공 기관은 보통 '관공서'라고 부르고, 공공 기관에서 일하는 사람들을 '공무원'이라고 하지. 즉 국가나 지방 자치 단체가 공적인 이익을 목적으로 세운 기관이야. 공공 기관에는 구청, 경찰서, 소방서, 도서관, 법원 등이 있어.

구청에서는 민원 서류를 발급해 주거나, 주민들을 위해 도로, 다리 등 편의 시설을 만들어 주는 일을 하지. 그리고 보건소에서는 우리들이 예방 주사를 맞거나 질병에 걸렸을 때 치료를 해주고, 소방서에서는 화재를 예방하는 교육도 실시하고 화재를 진압하지. 이렇듯이 공공 기관은 우리들에게 편리하고 건강한 생활을 할 수 있도록 해주는 중요한 곳이야.

소방서

구청

경찰서

어린이들도 공공 기관을 이용할 수 있어.

우리들이 다니는 학교와 밀접한 관련이 있는 교육청도 공공 기관이야. 교육청에서는 여러 가지 교육 행사를 열고, 우리들이 공부하는 데 필요한 학습 자료를 나누어 주기도 해. 또 구립 도서관 역시 우리들이 책을 무료로 빌리거나 공부를 할 수 있는 공공 기관이지.

이 밖에도 구민 복지 시설에서는 다양한 문화 강좌가 열리기 때문에 어른들은 물론 어린이들도 이용할 수 있어.

아하! 개념

- 공공 기관에는 구청, 교육청, 우체국, 경찰서, 소방서, 도서관 등이 있다.
- 공공 기관은 지역의 여러 가지 문제를 해결하며, 시민들이 편리하고 건강한 생활을 할 수 있도록 돕는다.

35 공공 기관은 어른들만 이용하는 곳이다 (X)

규범은 사람들의 자유를 제한하기만 한다 (X)

궁금하다! 궁금해!

- 교통 신호를 지키지 않으면 어떤 일이 벌어질까?
- 사회 규범은 사람들의 자유를 제한하는 수단일까?
- 사람들이 지켜야 할 사회 규범에는 어떤 것이 있을까?

"급한 일이 있어 교통 신호를 무시한 건데 꼭 벌금을 내야 해? 급한 데 신호를 기다리다가 지각을 하게 되면 어떡해. 경찰이 책임질 거야?"

위와 같은 이유로 교통 질서를 지키지 않는다면 어떻게 될까? 아마 큰 사고로 이어질 수도 있을 거야. 자신의 잘못된 생각으로 다른 사람들도 피해를 볼 수 있는 거지. 이 세상은 혼자 사는 것이 아니기 때문에 사회 질서를 유지하기 위해서라도 법을 지켜야 해.

우리가 공동체 생활을 하면서 지켜야 할 규범에는 법 이외에 또 무엇이 있을까? 그러한 규범들은 왜 지켜야 하는지 알아보자.

오개념 탈출 - 사회 규범

사회 규범은 사회 질서를 유지하기 위해 필요해.

 사회 규범은 사회 질서를 바르게 잡고, 평화롭게 공동 생활을 할 수 있도록 사회 구성원들이 서로 동의하여 만든 규칙이야. 규칙이라는 말이 자유를 억누르고 우리를 통제하는 것으로 들릴 수 있어.

 하지만 사람들이 함께 모여 살면 이런저런 충돌이 생기게 되지. 그러면 질서를 유지하기 위해서 누구나 따를 수 있는 기준이 필요하게 되지. 만약 두 사람 간에 마찰이 생겼는데 이를 해결해 줄 수 있는 기준이 없다면 서로의 갈등은 더 커질 수 밖에 없을 거야.

사회 규범에는 법, 관습, 도덕, 종교 등이 있어.

 사회 규범에는 국가에 의해 만들어진 법 규범이 있지. 법을 지키지 않았을 때는 그에 대한 책임을 져야 하기 때문에 누구나 꼭 지켜야 하는 강제성을 갖고 있어.

 또 강제성은 없지만 오랜 세월동안 반복적으로 행위를 하면서 사회적인 기준으로 자리잡게 된 관습 규범이 있어. 그리고 인간이 마땅히 지켜야 하는 도덕 규범이 있어. 도덕은 부모에게 효도하는 것, 어른을 공경하는 것 등 사람의 양심에 따라 행동하게 되는 것이지 강제적으로 구속하지는 않아. 그리고 종교에서 지키도록 되어 있는 계율이나 의식 등 종교 규범이 있어.

법 규범

도덕 규범

아하! 개념

- 사회 규범은 사회 구성원들이 사회 생활을 유지하기 위해 지켜야 할 규칙이다.
- 사회 규범에는 법, 관습, 도덕, 종교 등이 있다.

36 규범은 사람들의 자유를 제한하기만 한다 (X)

나라의 정책을 항상 잘 따르는 사람이 시민 의식이 높다 (X)

궁금하다! 궁금해!

- 시민이란 무엇일까?
- 민주 시민 의식이 높은 사람이란 어떤 사람일까?
- 민주 시민의 자질에는 어떤 것이 있을까?

"시민들은 나라의 정책을 잘 따라야 해. 소크라테스도 '악법도 법이다' 라고 하면서 죽음을 택했잖아. 민주 시민이라면 나라 정책을 무조건 따라야지. 안 그래?"

그런데 뉴스나 신문을 보면, 나라의 정책에 대해 시위나 집회를 통해 반대를 표시하는 사람들이 있어. 그런 사람들은 과연 민주 시민 의식이 낮기 때문에 정부 정책에 반대하는 것일까? 또 모든 시민이 국가 정책에 무조건 따르는 것이 올바른 민주주의 정신일까?

이런 의문점을 가지고 있다면 시민은 무엇인지, 올바른 민주 시민은 어떤 자질을 갖고 있는지에 대해 알아보자.

오개념 탈출 — 시민 의식

시민이란 민주 사회의 구성원을 일컫는 말이야.

시민이란 말은 고대 그리스에서 정치에 참여할 수 있는 권리를 가진 계급을 가리키는 데서 유래되었어. 현대에서는 국가의 구성원으로서, 자유와 권리를 누리면서 책임과 의무를 다하는 사람을 말해.

보통 민주 시민이란 법을 지키고 선거에 참여하고, 공동체 의식을 갖고 협조하는 사람, 나라에 애국심을 갖고 있는 사람이라고 생각하지. 물론 이러한 일은 중요한 일이야. 하지만 만약 나라에서 강제적으로 정당하지 않은 권력을 행사할 때도 무조건 그냥 따르는 사람이 올바른 민주 시민이라고 할 수 있을까?

우리나라는 예전에 민주주의와 어긋나는 독재 정치를 하던 시대가 있었어. 그때 많은 시민들이 독재에 항의하는 목소리를 내지 않았다면 지금까지도 우리나라는 독재 정치 체제일지도 모르지. 이처럼 민주 시민은 자신의 의지에 따라 적극적으로 사회에 참여하는 자세가 필요해.

민주 시민에게도 자질이 필요해.

민주 사회가 인간의 존엄성을 중요시 여기는 것처럼 민주 시민은 다른 사람의 존엄성을 존중하고 서로 간의 차이를 인정할 줄 알아야 해. 따라서 서로 의견이 다르더라도 남의 의견을 존중하고, 대화와 토론을 통해 서로의 갈등을 해결하는 자세가 필요하지. 이때 서로 양보하고 타협하려는 자세가 민주 시민으로서 가져야 할 태도야. 이 밖에도 법과 규칙을 잘 지켜야 하고, 다수결의 의견은 물론 소수의 의견도 존중해야 하는 거야.

아하! 개념

- 현대에서 시민이란 국가의 구성원을 포괄적으로 일컫는 말이다.
- 민주 시민은 자신의 의지에 따라 적극적으로 사회 참여를 해야 한다.
- 민주 시민은 인간의 존엄성을 존중하고, 법과 질서를 잘 지키며, 서로를 배려하는 마음을 가져야 한다.

37 나라의 정책을 항상 잘 따르는 사람이 시민 의식이 높다 (X)

38 민주주의가 발달할수록 지역 사회 문제가 적다 (X)

궁금하다! 궁금해!

- 왜 쓰레기 처리장 건설을 반대하는 것일까?
- 지역 사회 문제에는 어떤 것이 있을까?
- 민주주의가 발달할수록 지역 사회 문제는 적을까?

"자신들이 살고 있는 지역에 쓰레기 처리장이나 방사성 폐기물 관리시설과 같은 혐오 시설을 절대로 설치할 수 없다고 현수막을 걸어놓았어. 나도 만약 우리 동네에 쓰레기 처리장이 들어선다면 반대할 거 같아. 냄새가 심하고 파리같은 벌레도 많을 것 같고. 그런데 이렇게 모든 마을에서 반대를 하면 이런 시설은 어디에 세워야 할까?"

쓰레기 처리장은 꼭 필요한 시설인데, 각 지역마다 서로 다른 지역에 미루고 있어. 그런데 민주주의가 아직 덜 발달해서 이러한 지역 문제가 잘 해소되지 않는 것일까?

자, 우리가 살고 있는 지역 간에, 그리고 주민 간에 발생하고 있는 지역 사회 문제가 무엇인지 알아보고, 왜 발생할 수 밖에 없는지 살펴보자.

오개념 탈출 — 지역 사회 문제

지역 사회 문제는 매우 다양해.

지역 사회 문제는 지역과 지역 간의 문제뿐 아니라 주민과 주민 사이에 일어나는 문제도 포함하고 있어. 예를 들어, 흔히 경험하게 되는 아파트 층간의 소음과 같은 생활 소음 문제, 쓰레기 처리 문제, 좁은 골목길의 주차 문제, 아파트 건설로 인한 주변 지역 주민들의 피해 문제 등 매우 다양하지.

지역간의 갈등 문제인 님비 현상은 매우 심각한 문제야.

사람들이 혐오하고 기피하는 시설, 즉 쓰레기 매립장, 장애인 시설, 공동 묘지, 납골당, 방사성 폐기물 관리시설 등과 같은 시설 설치는 대부분의 주민들이 반대하는데, 이를 님비 현상이라고 해. 꼭 필요한 시설이기는 하지만 그 지역 주민들의 입장에서는 환경 오염이나 집값 하락 등의 피해를 보기 때문에 반대하는 거야. 그런데 이러한 시설을 설치하지 못하게 되면 다수의 사람들이 불편을 겪을 수 밖에 없어.

님비 현상과 달리 지역 축제, 스포츠 관련 행사장 등과 같이 유리한 시설 등을 서로 자기 지역에 설치하겠다고 경쟁하는 현상을 핌피 현상이라고 해.

님비 현상과 같이 다수의 행복을 위해 소수가 반대하는 것이 민주주의에 어긋날까? 민주 사회에서는 다수의 의견도 중요하지만, 그렇다고 소수 의견을 무시하거나 피해를 줘서는 안 돼. 소수일지라도 정당한 주장이라면 받아들이고, 반드시 보호되어야 해. 지역 이기주의로만 보지 말고 만약 생존권과 관련이 있는 문제라면 당사자인 지역 주민들에게 충분한 보상과 함께 미래를 보장하는 것이 중요해.

님비 현상

핌피 현상

아하! 개념

- 지역 갈등에는 님비 현상과 핌피 현상이 있다.
- 지역 사회 문제 해결에는 충분한 대화와 보상이 따라야 한다.

38 민주주의가 발달할수록 지역 사회 문제가 적다 (X)

오개념 39 ｜ 지도는 그림이다(X)

오개념 40 ｜ 지도는 방위만 알면 제대로 읽을 수 있다(X)

오개념 41 ｜ 계절별, 지역별로 모두 같은 자연재해가 일어난다(X)

오개념 42 ｜ 날씨와 기후는 같은 말이다(X)

오개념 43 ｜ 계절이 바뀌어도 생활 모습은 바뀌지 않는다(X)

오개념 44 ｜ 인간은 자연을 극복할 수 없다(X)

오개념 45 ｜ 다른 나라의 환경 문제는 우리나라와 상관없다(X)

오개념 46 ｜ 우리나라 지형은 서쪽이 높고 동쪽이 낮다(X)

오개념 47 ｜ 자연환경이 달라도 사람들의 생활 모습은 모두 같다(X)

오개념 48 ｜ 우리나라의 인구는 앞으로도 계속 증가할 것이다(X)

오개념 49 ｜ 도시는 모든 면에서 촌락보다 뛰어나다(X)

39 지도는 그림이다 (X)

궁금하다! 궁금해!

- 지도란 무엇일까?
- 지도에는 어떤 것이 담겨 있을까?
- 지도의 종류에는 어떤 것이 있을까?

    생일 초대장을 만들었어. 그런데 초대한 친구들 중에는 우리 집에 처음 오는 친구들도 있어서 초대장에 지도를 그려넣어야 겠더라고. 그래서 지도라는 말을 국어사전에서 찾아보았지. 지도의 의미는 땅을 그려 놓은 그림이래.

    아하! 이제 알겠어. 우리 마을 지도를 그리려면 오가면서 보이는 것을 그리면 되겠구나. 우리 집에서 학교 가는 길에 피어있는 꽃도 그리고, 문구점 앞 나뭇가지의 새 둥지도 그리고, 가게 옆에 세워져 있는 오토바이도 그리면 멋진 우리 마을 지도가 완성되는 거야.

    어, 그런데 풍경화는 지도가 아니라고? 그럼 지도는 도대체 어떤 걸 말하는 걸까? 우리 이제부터 지도에 대해 알아보자.

오개념탈출 지도의 뜻과 지도 그리는 과정

지도에도 여러 가지가 있어.

지도란 실제 땅 모습을 일정한 비율로 줄여서 알기 쉽게 나타낸 그림이야. 우리가 미술 시간에 그리는 풍경화 같은 그림을 뜻하는 건 아니란 얘기지. 지도에는 누구나 알아볼 수 있는 기호가 쓰여. 혹시 우리나라 전체를 손바닥 크기로 줄여서 나타낸 지도를 본 적 있니? 이런 지도를 보면 산, 강, 바다, 도시, 도로 등 중요한 것들이 어디에 있는지 간단한 기호로 그려져 있을 거야.

그런데 지도는 눈에 보이는 땅 모습만 나타내는 것은 아니야. 땅 위에 펼쳐지는 다양한 정보를 보여 주기도 해. 예를 들어, 여행에 필요한 정보가 담겨 있는 관광 지도, 기온과 강수량을 나타내는 기후도, 인구 분포나 산업 분포를 나타내는 지도, 비행기가 지나다니는 길을 나타내는 항공 지도 등이 있어. 그래서 지도는 두 종류로 구분해. 땅 위에 펼쳐지는 일반적인 모습을 나타낸 지도를 일반도, 특별한 주제를 나타낸 지도를 주제도라고 해.

관광 지도

지도를 그릴 때는 정확하게 나타내야 해.

지도를 그릴 때는 내가 새가 되어 하늘 높이 올라가 내려다 본다고 생각하면 좋아. 우리가 동네 지도를 그릴 때 높은 곳에 올라가 직접 살펴보거나 항공 사진을 이용하는 것도 이 때문이지. 이렇게 준비된 사진을 보고 거리를 재서 기본 그림을 그리는 거야. 그리고 직접 현장에 나가 조사를 한 후 기본 그림이 잘 그려졌는지 확인하고 수정해야 지도가 완성돼. 지도는 실제 땅 모습을 일정한 비율로 줄여서 나타내야 하기 때문에 정확히 조사해야 하거든.

항공 사진이나 위성 사진이 없던 조선 후기의 지도학자 김정호가 남긴 대동여지도를 보면 오늘날 우리나라 지도와 크게 다르지 않아. 이를 보면 김정호가 정확한 지도를 만들기 위해 전국 방방곡곡을 다니며 얼마나 노력했는지 알 수 있지.

아하! 개념

- 지도란 땅 모습을 일정한 비율로 줄이고 기호를 사용해 나타낸 그림이다.
- 지도에는 산, 강, 도로뿐 아니라 여러 가지 정보가 담겨 있다.

지도는 방위만 알면 제대로 읽을 수 있다 (X)

궁금하다! 궁금해!

- 지도를 읽으려면 무엇을 알아야 할까?
- 지도를 이루는 것들에는 무엇이 있을까?

우와! 해적들이 그토록 찾아 헤매던 보물 지도를 드디어 손에 넣었나 봐. 그런데 지도를 보면서 헤매고 있어. 과연 이 해적들이 보물을 찾을 수 있을까? 지도에 있는 '4' 기호를 보고 꼭 4명에서 보물을 찾으러 가야 한다고 하고, 지도에 있는 선들이 무엇인지도 모르고 있는 것 같아.

해적들만 지도를 볼 줄 모르는 게 아니라, 친구들도 지도만 보면 머리가 지끈지끈 아프지? 걱정하지 마. 지도를 보는 몇 가지 원칙만 잘 알면 우리도 지도 척척박사가 될 수 있대.

지도 척척박사가 되기 위해 지도에 표현되어 있는 것들을 하나하나 공부하러 출발해 볼까? 그리고 살짝 모자란 해적들을 위해 우리가 대신 보물 지도를 보고 보물을 찾아주자!

오개념탈출 — 지도를 이루는 것

동서남북을 알려주는 '방위'

지도에서 방향을 알 수 없다면 길을 제대로 찾을 수 없어. 그래서 지도에는 방향을 알려주는 방위표가 필요해. 방위표는 보통 '4' 자 모양으로 나타내고 있어. 가끔 방위표가 없는 지도가 있는데 걱정할 필요는 없어. 대부분 지도의 위쪽이 북쪽, 아래쪽이 남쪽, 오른쪽이 동쪽, 왼쪽이 서쪽을 나타내거든.

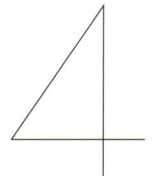
4 방위표

늘였다 줄였다 '축척'

축척이란 실제 길이를 일정한 비율로 줄인 정도를 말해. 지도 위의 1cm가 실제로 500m일 수도 있고, 5000km일 수도 있지. 예를 들어 200,000분의 1로 줄여서 나타낸 지도에는 다음과 같은 축척 중 한 가지가 그려져 있을 거야.

8 방위표

올록볼록한 산을 종이에 나타낼 수 있는 '등고선'

실제 땅 모양은 높은 곳, 낮은 곳이 있어. 그런데 편평한 종이 위에 올록볼록한 땅을 어떻게 나타내면 좋을까? 이때 필요한 것이 같은 높이에 있는 지점을 연결한 등고선이야.

실제 사물을 간단히 나타낸 '기호'

지도에는 실제 산, 강, 호수 같은 자연물 뿐만 아니라 중요한 건물이나 도로를 간단히 나타낸 기호가 이용되고 있어. 기호가 없다면 정말 불편할 거야. 생각해 봐. 일일이 아파트를 그려 주고, 공장 모양을 그대로 그려야 한다면 너무 불편하겠지?

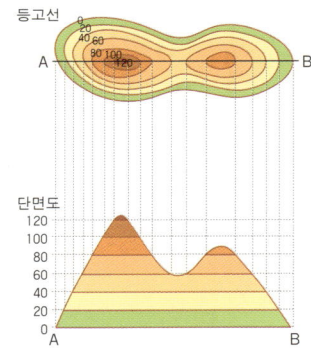

아하! 개념

- 지도를 읽으려면 방위 외에도 지도를 이루는 것들을 알아야 한다.
- 지도를 이루는 것으로는 방위, 축척, 등고선, 기호 등이 있다.

40 지도는 방위만 알면 제대로 읽을 수 있다 (X)

개념 41 계절별, 지역별로 모두 같은 자연재해가 일어난다 (X)

> 엄마, 빨리 미국에 사는 이모한테 전화해 보세요. 우리나라에 비가 저렇게 많이 오는데, 미국도 마찬가지일거 아녜요. 그러니 조심하라고 안부 전화 하셔야죠.

궁금하다! 궁금해!

- 자연재해란 무엇일까?
- 계절별, 지역별로 어떤 자연재해가 나타날까?

미국에 계신 이모한테 전화를 해서 지금 한국에 비가 많이 오니 조심하라고 말한다면 이모는 뭐라고 대답하실 것 같니?

우리나라에서 비가 많이 내려 홍수 피해가 나면 미국에서도 홍수 피해가 나타날까? 반대로 아프리카에서 오랫동안 비가 내리지 않아 가뭄 피해가 나면 우리나라에서도 가뭄 피해가 나타날까?

그런데 가만히 생각해 보면 세상은 참 다양한 자연환경으로 구성되어 있잖아. 자연재해는 자연환경 때문에 생기는 것이니, 우리 생각과는 달리 자연재해도 지역마다, 계절마다 다를지도 몰라. 우리 함께 알아보자.

오개념 탈출 — 계절별, 지역별 자연재해

우리나라는 계절별로 자연재해가 다르게 나타나.

자연재해는 사람의 힘으로는 피할 수 없는 자연 현상에 의해 나타나는 피해를 말해. 자연 현상은 지역마다, 계절마다 다 다르게 나타나지. 우리나라의 경우 사계절이 있고 계절마다 특징도 다르기 때문에 계절에 따라 나타나는 자연재해도 모두 달라.

비가 잘 오지 않는 봄에는 가뭄이 나타나고, 오른쪽의 그래프처럼 비가 많이 오는 여름철인 7~8월 여름에는 태풍이나 호우로 인한 피해가 많아. 또 겨울에는 폭설로 인한 피해가 발생하지.

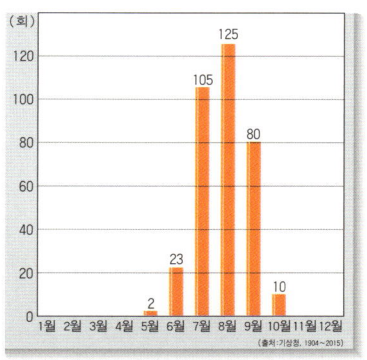

우리나라의 월별 태풍 피해

호우 줄기차게 내리는 크고 많은 비

폭설 갑자기 많이 내리는 눈

우리나라는 지역별로도 자연재해가 다르게 나타나.

비가 많이 오면 어떤 피해가 나타날까? 강이나 호수가 넘쳐서 사람들이 사는 곳까지 물에 잠기는 홍수 피해가 나타나. 오른쪽 지도를 보면 호우 때문에 나타나는 피해는 주로 넓은 평야 지역에서 많이 발생하는 걸 알 수 있어. 평야 지역에는 대부분 강이 있는데 비가 많이 내리면 강이 쉽게 넘치기 때문이야.

이 외에도 산이 많은 지역에서는 산사태나 눈사태가 나타나고, 해안 지역에서는 태풍으로 인한 해일 피해도 발생하지. 그러고 보면 같은 나라 안에서도 계절별, 지역별로 서로 다른 자연재해가 나타나는 걸 알 수 있어. 그러니 전 세계에서는 얼마나 다양한 자연재해가 일어나고 있을지 짐작이 되지?

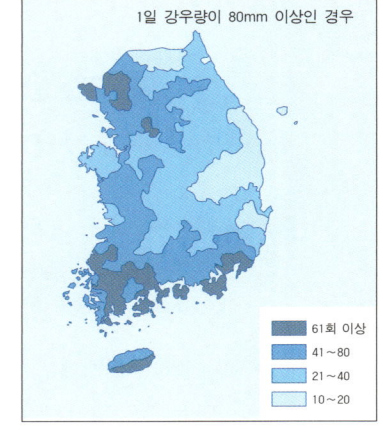

호우 피해 횟수

아하! 개념

- 여름에는 호우, 겨울에는 폭설로 인한 자연재해가 발생하고 있다.
- 평야에서는 홍수, 산간 지역에서는 산사태와 같은 자연재해가 발생한다.

41 계절별, 지역별로 모두 같은 자연재해가 일어난다 (X)

42 날씨와 기후는 같은 말이다 (X)

궁금하다! 궁금해!

- 날씨란 무엇일까?
- 기후란 무엇일까?

친구들이 주고받는 대화가 좀 이상하다, 그치? '기후가 덥다', '기후가 춥다', '전 세계적인 이상 날씨'.

말이 되는 것 같기도 하고, 아닌 것 같기도 하고…. 우리가 흔히 사용하는 날씨와 기후를 가지고 대화를 하는데 왠지 표현이 익숙하지 않은 것 같아. 날씨와 기후는 같은 말일까? 다르다면 어떻게 다를까?

날씨를 알려 주는 뉴스에서는 오늘과 내일의 날씨, 일주일 동안의 날씨, 우리 지역의 날씨, 전국의 날씨, 세계의 날씨 등을 미리 알려 주지. 가끔 기후라는 말이 나오기도 하고.

이번에는 날씨와 기후에 대해 자세히 알아볼까?

오개념탈출 : 날씨와 기후의 차이

날씨를 알아보자.

날씨는 몇 시간이나 며칠과 같이 비교적 짧은 기간에 나타나는 기온, 강수량, 바람 등의 상태를 말해. 그날 그날의 기온, 습도, 바람과 구름의 양, 강수량 등이 바로 날씨에 해당하는 거야.

날씨는 우리의 일상생활에 영향을 주기 때문에 매일 날씨 예보를 들어야 해. 만약 오늘 비가 온다고 하면 아침에 우산을 챙겨 가야 학교 다녀오는 길에 비를 안 맞겠지? 또 봄철에 갑자기 꽃샘추위가 찾아오면 따뜻하게 입어야 감기에 안 걸리잖아.

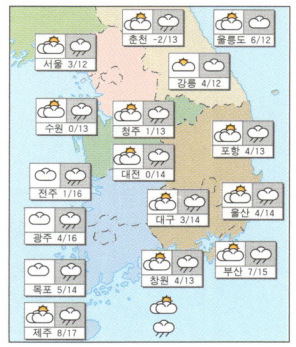

하루 동안의 온도 변화와 비가 오는지 안 오는지를 알아 보는 표야. 이게 바로 날씨지.

기후를 알아보자.

기후는 날씨와는 다르게 한 지역에서 몇십 년, 몇백 년과 같이 오랜 기간에 걸쳐 계속적으로 나타나는 공기 덩어리의 상태를 말해. 좀더 쉽게 이해하기 위해 우리나라의 기후를 살펴볼까?

우리나라 기후의 특징은 봄, 여름, 가을, 겨울의 사계절이 뚜렷하다는 점이야. 그래서 계절마다 기온과 강수량이 달라. 여름에는 태평양에서 덥고 습기가 많은 바람이 불어 오기 때문에 기온이 높고 강수량이 많지. 겨울에는 시베리아에서 불어 오는 차고 건조한 바람의 영향을 받아 기온이 낮고 건조해.

겨울철

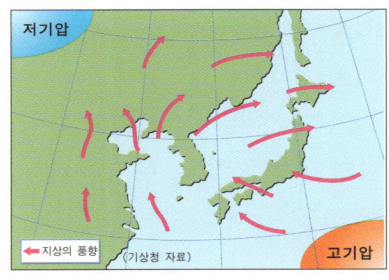

여름철

아하! 개념

- 날씨란 일정한 지역에서 그날그날의 비, 구름, 바람, 기온 따위의 상태를 뜻한다.
- 기후란 일정한 지역에서 여러 해에 걸쳐 나타난 기온, 비, 눈, 바람 따위의 평균 상태를 뜻한다.

43 계절이 바뀌어도 생활 모습은 바뀌지 않는다 (X)

궁금하다! 궁금해!

- 계절에 따라 기후는 어떻게 달라질까?
- 계절에 따라 생활 모습은 어떻게 바뀔까?

요즘은 실내 냉방과 난방이 잘 되어서 여름에 긴소매 옷을 입거나 겨울에 반소매 옷을 입는 경우가 있지. 하지만 지나친 냉방과 난방은 건강에도 좋지 않고 에너지를 낭비하여 환경을 파괴할 수도 있어. 봄, 여름, 가을, 겨울의 순서로 계절이 바뀌면 기후도 달라지고 그에 따라 우리의 생활 모습도 바뀌어야 해. 여름에는 반소매 옷을, 겨울에는 긴소매 옷을 입는 것처럼 말야.

우리 조상들도 계절별로 즐겨 입는 옷이 달랐고, 먹는 음식도 달랐어. 또 계절별로 해야 할 일도 정해져 있었어. 전기나 가전제품이 없던 옛날이었지만 각 계절마다 슬기롭게 적응했던 거지.

그럼 오늘날에는 계절에 따라 생활 모습이 어떻게 달라질까? 우리 함께 자세히 살펴보자.

오개념탈출 계절별 생활 모습

계절에 따라 기후의 특징이 달라져.

봄에는 날씨가 따뜻해지고, 비가 잘 오지 않아. 가끔씩 꽃샘추위 때문에 옷장에 넣어둔 겨울 옷을 다시 꺼내 입기도 하지. 그리고 중국에서 황사가 많이 날아와 우리 생활과 건강에 피해를 주기 때문에 조심해야 해.

여름에는 저 멀리 태평양에서 덥고 습한 바람이 불어오기 때문에 날씨도 덥고 불쾌 지수가 높아. 장마철에 해당하는 6월 경에는 비가 많이 내려. 몇 차례에 걸쳐 태풍이 찾아오기 때문에 자연재해에 대비해야 하지.

가을에는 맑은 날이 많고, 날씨가 선선해져. 그리고 푸른 하늘도 자주 볼 수 있지.

겨울에는 북쪽의 시베리아에서 매우 차고 건조한 바람이 불어오기 때문에 몹시 춥고 건조하며 눈도 자주 내려. 그래서 난방 기구로 인한 화재가 자주 발생해.

계절별로 생활 모습이 달라져.

봄에는 날씨가 따뜻해져서 얇은 옷을 입고, 꽃구경을 가기도 해. 한편, 농촌에서는 모내기로 한창 바쁘지.

여름에는 더위를 피해 바다나 계곡으로 피서를 가고, 농촌에서는 김매기를 해.

가을에는 울긋불긋 아름다운 단풍 구경을 가. 또 곡식과 과일을 거두어 들이고, 추석에는 송편을 만들어 먹으며 즐거워 하지.

겨울에는 보일러나 난방 기구 등을 이용해 추위를 극복해. 겨울 내내 먹을 김장 김치를 담그기도 하고, 농촌에서는 비닐하우스를 이용해 채소와 과일을 재배하거나 봄 농사를 준비해.

봄

여름

가을

겨울

아하! 개념

- 봄은 따뜻하고, 여름은 덥고 습하며, 가을에는 시원하고, 겨울에는 춥고 건조하다.
- 계절에 따라 생활 모습이 달라진다.

43 계절이 바뀌어도 생활 모습은 바뀌지 않는다 (X)

44 인간은 자연을 극복할 수 없다 (X)

궁금하다! 궁금해!

- 인간이 자연을 극복한 사례가 있을까?
- 인간과 자연은 어떤 관계일까?

    인간은 자연에 적응하여 조화를 이루며 살아가고 있어. 우리 조상들이 기후에 적응하기 위해 더운 여름에는 시원한 삼베옷을 입고, 추운 겨울에는 두꺼운 솜옷을 입었던 것이나, 한옥이 북부 지방, 중부 지방, 남부 지방의 기후에 따라 구조와 배치가 달랐던 것은 자연에 적응한 좋은 예라고 할 수 있어. 또한 평야 지역에서는 벼농사를 주로 짓고, 산간 지역에서는 밭농사를 지으며, 해안 지역에서는 어업을 주로 하는 것도 인간이 자연에 적응한 것이라 할 수 있지.

    이와는 달리, 인간은 자연을 적극적으로 이용하고 변화시키기도 해. 갯벌을 메워 주택이나 공장을 짓고, 강 상류에 댐을 건설하여 홍수를 예방하는 것은 인간이 자연을 적극적으로 이용하고 극복한 사례라고 할 수 있어.

    인간이 자연을 극복한 사례를 좀더 자세히 살펴볼까?

오개념 탈출 – 인간이 자연을 극복한 사례

인간은 자연의 어려움을 이겨내기도 해.

간척 사업이란 바다나 호수의 일부를 둑으로 막고, 그 안의 물을 빼내어 육지로 만드는 일이야. 우리나라의 황해안과 남해안 지역은 바닷가의 모양이 구불구불한 곳이 아주 많아. 그래서 해안 간척을 활발히 해 새로 생긴 육지가 꽤 많지. 간척을 해서 만들어진 땅에는 주택이나 공장을 세우기도 하고, 농사짓는 땅으로 이용하고 있어.

전기를 일으키거나 물을 관리하려는 목적으로, 강물이나 바닷물을 막아 두기 위해 쌓은 둑이 댐이야. 특히 우리나라는 한강의 중류와 상류에 강수량이 많고, 하류에 수도권이 자리 잡고 있어서 한강 주변에 다목적 댐이 많아.

인간과 자연은 조화를 이루어야 해.

자연은 우리의 생활 터전이야. 인간은 자연 안에서 생명을 유지하고 생활해 가지. 자연은 우리 생활에 필요한 공기와 물 뿐만 아니라 무수히 많은 것들을 제공하기 때문에 자연이 파괴되면 인간도 살 수 없어.

그리고 한번 파괴된 자연이 원래대로 돌아오기까지는 긴 시간이 걸리거나 완전히 돌아오지 못할 수도 있지. 그러니 인간과 자연은 하나라는 걸 알고 서로 조화를 이루며 살아가야 겠지? 우리나라의 가옥 구조를 잘 살펴 보면 인간이 자연에 적응해 조화를 이루며 살아가는 모습을 잘 알 수 있어. 즉 지형과 기후에 따라 다양한 모양의 집을 지어 살아 자연을 극복해 간 조상들의 지혜를 엿볼 수 있지.

남부 지방(바람이 잘 통하는 'ㅡ'자 구조)

중부 지방(남부 지방과 중부 지방의 중간 구조)

북부 지방(차가운 바람을 막아 주는 'ㅁ'자 구조)

아하! 개념

- 인간은 여러 가지 방법으로 자연환경을 극복하고 있다.
- 인간은 자연에 적응하여 조화를 이루며 살기도 하고, 자연을 적극적으로 이용하고 변화시키며 극복하기도 한다.

44 인간은 자연을 극복할 수 없다 (X)

다른 나라의 환경 문제는 우리나라와 상관없다 (X)

궁금하다! 궁금해!

- 다른 나라의 환경 문제는 우리나라와 상관이 없을까?
- 우리나라에 영향을 주는 다른 나라의 환경 문제에는 어떤 것들이 있을까?

봄이 되면 선생님께선 마스크를 꼭 가지고 다니라고 말씀하셔. 황사 때문에 우리들이 병에 걸릴까 봐 그러시는 거지. 그런데 우리를 괴롭히는 황사는 공사장에서 불어오는 먼지 바람일까? 황사 피해를 막기 위해 대통령에게 전화해 공사를 중지해 달라고 하면 황사를 막을 수 있을까?

뉴스를 보면 황사는 중국에도 있대. 우리나라보다 더 심하다고 해. 황사와 중국, 그리고 우리나라. 뭔가 관계가 있을 것 같지?

또 황사 외에 우리를 괴롭히는 다른 환경 문제는 없을까?

오개념탈출 지구촌의 환경 문제

지구 온난화는 지구 공기의 온도가 점점 올라가는 걸 말해.

지구 공기의 온도가 점점 올라가는 현상을 지구 온난화라고 해. 산업이 발달하면서 석탄과 석유의 사용이 늘어나고, 이것들을 태울 때 나오는 이산화탄소의 양도 많아졌어. 그런데 공기 중에 있는 이산화탄소는 마치 온실의 유리가 온실 안을 따뜻하게 해 주듯이 지구를 따뜻하게 하는 온실 효과를 일으키고 있어. 지구 온난화가 심해지면서 극 지방의 빙하가 녹고, 서늘한 여름, 따뜻한 겨울, 갑작스러운 폭설 등 이상 기후 현상이 나타나 결국 전 세계 사람들을 위험하게 하고 있어.

사막화는 산림의 파괴로 인해 나타나.

사막화란 산림의 파괴로 인해 비옥한 땅이 사막으로 변하는 현상을 말해. 산림을 마구 파괴하여 농경지, 주택지 등으로 이용하는 등 지나치게 개발하기 때문에 사막화가 되는 거야. 숲이 사라지면 물을 저장하는 기능도 약해져, 결국 물이 증발하지 않게 되면서 비도 오지 않게 되는 거야. 또, 비가 오면 흙이 씻겨 내려가니까 나무가 없는 땅은 사막으로 변하게 돼. 사막화로 인해 농작물의 수확량이 줄어 현재 여러 나라 사람들이 굶주림으로 고생하고 있어.

사막화

산성비에는 해로운 물질이 들어있어.

공기 중에 떠 있던 산성의 해로운 물질들이 빗물에 녹아 내리는 것이 산성비야. 산성비는 대리석이나 금속을 녹일 정도로 강해. 산성비가 내리면 땅이 산성화되어 식물이 제대로 자라지 못해 나무가 죽고 곡식의 수확량이 줄어들게 돼. 그뿐만이 아니야. 산성비 때문에 호수와 하천의 물이 산성으로 변하면 물고기가 살기 어렵게 되고, 사람의 건강에도 나쁜 영향을 미쳐.

아하!개념

- 다른 나라의 환경 문제는 우리나라에도 큰 영향을 준다
- 지구촌의 환경 문제에는 지구 온난화, 사막화, 산성비, 황사 등 여러 가지가 있다.

45 다른 나라의 환경 문제는 우리나라와 상관없다 (X)

개념 46. 우리나라 지형은 서쪽이 높고 동쪽이 낮다 (X)

궁금하다! 궁금해!

- 지형이란 무엇일까?
- 우리나라의 지형은 동쪽과 서쪽 중에 어느 쪽이 높을까?
- 우리나라의 지역 구분은 어떻게 할까?

신나는 과학 시간. 오늘은 물이 흐르는 원리에 대해 배웠어. 선생님께서는 물은 중력의 힘을 받아 높은 곳에서 낮은 곳으로 흐른다고 말씀하셨어. 그런데 우리 반 친구가 또 엉뚱한 대답을 하더라고.

글쎄, 물은 오른쪽에서 왼쪽으로 흐른대. 그땐 막 웃고 말았는데 집에 와서 사회과부도를 펼쳐 보니까 정말 친구 말대로 우리나라의 강은 오른쪽에서 왼쪽으로 흐르는 것들이 많지 뭐야. 한강도 그렇고, 영산강, 금강 등이 모두 그렇게 흐르던 걸.

그런데 문제가 생겼어. 이젠 내가 헷갈리는 거야. 물은 높은 곳에서 낮은 곳이 아니라 오른쪽에서 왼쪽으로 흐르는 것 같아. 친구들, 나 좀 도와줘. 물은 도대체 어디로 흐르는 거야?

오개념 탈출 — 우리나라의 지형

우리나라 지형은 동쪽이 높고 서쪽이 낮아.

지형(地形)을 한자로 풀이하면 땅 모양이란 뜻이야. 그럼 우리나라의 지형에 대해 알아볼까? 아주 오래전에는 우리나라 땅이 많이 평평했었어. 하지만 동해 근처의 땅이 천천히 높아지면서 평평했던 땅에 산맥이 솟았어. 그래서 지금처럼 동쪽이 높고 서쪽이 낮은 모양이 나타나게 된 거야. 이런 특징을 간단히 동고서저(東高西低)라고 해.

우리나라의 지역 구분

우리나라의 전체적인 지형의 특징은 남북으로 길게 뻗어 있다는 점이야. 그리고 지역에 따라 지형과 생활 모습이 달라. 이런 특징 때문에 우리 나라를 크게 북부 지방, 중부 지방, 남부 지방으로 나누지.

중부 지방에 대해 알아보자.

우리나라의 중부 지방은 태백산맥이 동쪽에 치우쳐서 남북으로 길게 뻗어 있어.

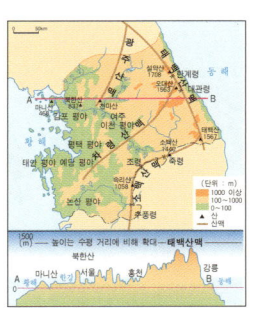
중부 지방의 모습

그렇다면 강이나 하천은 어느 쪽에서 출발해서 어느 쪽으로 흘러갈까? 물이 높은 곳에서 낮은 곳으로 흐른다는 것은 알고 있지? 당연히 동고서저의 지형이 잘 나타나는 중부 지방에서는 강물이 대체로 동쪽에서 서쪽으로 흘러. 그래서 한강과 금강도 황해안으로 흘러가는 거야.

지형은 사람들의 생활에 영향을 미쳐.

중부 지방은 강원도 쪽으로는 동해, 경기도 쪽으로는 황해가 있고, 동쪽에는 높은 산지가 있기 때문에 지역에 따라 기온의 차이가 심해. 특히 여름보다 겨울에 그 차이가 뚜렷하게 나타나지. 같은 위도 상에 있는 서울과 강릉의 겨울 기온을 비교해 보면, 강릉이 훨씬 따뜻해. 왜냐고? 태백산맥이 차가운 북서 계절풍을 막아 주고, 난류가 흐르는 동해의 영향을 받기 때문이야.

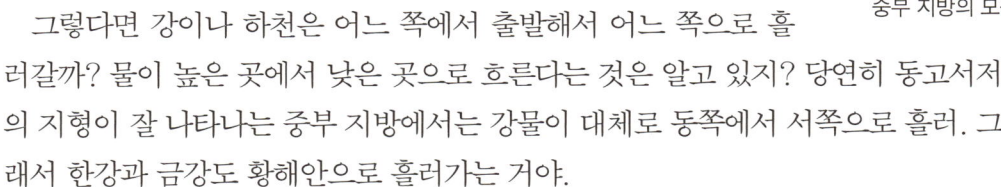

아하! 개념

- 땅의 모양을 지형이라고 한다.
- 우리나라의 지형은 동쪽이 높고 서쪽이 낮다.
- 우리나라는 크게 북부 지방, 중부 지방, 남부 지방으로 나눌 수 있다.

46 우리나라 지형은 서쪽이 높고 동쪽이 낮다 (X)

 자연환경이 달라도 사람들의 생활 모습은 모두 같다 (X)

> '농자천하지대본'이라~. 우리 조상들은 농사를 제일 중요하게 생각했단 얘기! 그래서 지금도 평야 지역이든, 산간 지역이든, 해안 지역이든 모두 농사를 짓고 있지.

> 어이쿠, 어이가 없다, 어이가 없어.

궁금하다! 궁금해!

- 우리나라의 자연환경은 어떤 특징을 가지고 있을까?
- 자연환경에 따라 사람들의 생활 모습은 어떻게 다를까?

희원이 외할아버지는 바다에 맞닿아 있는 경상도 통영에 사시는데, 지금도 바다에 나가 고기를 잡아오신대. 그리고 우리 할머니는 강원도에 사시는데, 표고버섯을 재배하고 계셔.

우리 조상들이 농사를 굉장히 중시한 건 사실이지만 그렇다고 자연환경을 무시하고 모든 지역에서 농사만 지었을까? 그럼 옛날에는 어부라는 직업도 없었다는 거야? 사람들이 사는 곳의 자연환경이 생활 모습에 어떤 영향을 미치는지 함께 알아보자.

오개념탈출 우리나라의 자연환경

자연환경에 따라 생활 모습이 다르게 나타나.

우리나라는 국토의 70%가 산간 지역이야. 이곳에서는 임업, 광업, 목축업 등을 많이 해. 또 고랭지 채소를 재배하거나 산나물, 버섯 등을 채취하기도 하지. 스키장, 국립공원 등 관광 산업도 발달해서 휴가를 떠나는 사람들에게 인기가 좋아.

평야 지역은 큰 강 주변에 펼쳐져 있어서 물을 구하기 쉽기 때문에 농업이 발달했어. 대표적인 곳이 전라도 지방이야. 넓은 평야, 따뜻한 기후, 풍부한 강수량 덕분에 농사를 짓기가 좋아.

해안 지역은 어떨까? 우리나라는 3면이 바다로 둘러싸여 있다는 건 알고 있지? 이런 해안 지역에서는 고기잡이, 양식업이 발달했고, 갯벌에서는 조개나 굴을 캐기도 해. 예를 들어 호남 지방의 해안 지역은 수산업과 양식업이 발달해서 우리나라에서 어업 인구가 가장 많은 곳이야. 그런데 이곳에서 어업에 종사하는 사람들 대부분이 농업도 같이 하고 있어. 또, 해안 지역에서는 수산물 가공 식품을 생산하는 공업이 발달한 곳도 많아. 항구 주변에서는 공업 원료의 수입과 제품의 수출에 유리하다는 점을 이용해 중화학 공업이 크게 발달하기도 해.

고랭지 채소 평지보다 높은 곳은 평지보다 기온이 낮은데, 이런 곳을 고랭지라고 한다. 채소가 자라기 힘든 여름철에 고랭지에서는 무, 배추 등의 채소를 재배하는데 이를 고랭지 채소라 하며 비싼 값에 도시로 팔려나간다.

지역의 자연환경과 주로 나타나는 직업은 관련이 있어.

그러므로 옛날 우리 조상들이 아무리 농사를 중시했다 해도 모든 사람들의 직업이 농부였던 건 아냐. 옛날에도 바다와 맞닿아 있는 지역에서는 어업이 발달했고, 산이 깊은 곳에 사는 사람들은 나물을 캐거나 광산에서 일하는 등 그 지역의 자연환경에 어울리는 직업을 가지고 있었어.

논농사

아하! 개념
- 우리나라의 자연환경은 크게 산간 지역, 평야 지역, 해안 지역으로 나눌 수 있다.
- 자연환경에 따라 사람들의 생활 모습이 다르게 나타난다.

47 자연환경이 달라도 사람들의 생활 모습은 모두 같다 (X)

오개념 48. 우리나라의 인구는 앞으로도 계속 증가할 것이다 (X)

궁금하다! 궁금해!

- 우리나라의 인구는 지금까지 어떻게 변화해 왔을까?
- 우리나라의 인구는 앞으로 어떻게 변화할까?

어제 저녁에 텔레비전 뉴스를 보다가 깜짝 놀랐어. 우리나라는 여성들이 아이를 낳는 비율, 즉 출산율(出産率)이 점점 낮아지고 있다고 하더라고. 그래서 멀지 않은 미래에는 인구가 줄어들 거래. 그런데 더 큰 문제는 인구 중 일할 수 있는 젊은이의 수가 줄어들고 노인 인구가 늘어난다는 점이야.

태어나는 아이들의 수가 계속 줄어들면 우리나라는 어떻게 될까? 지금은 전철이나 버스에서 경로석이 적지만 미래에는 경로석이 대부분을 차지하지 않을까? 지금은 북적대는 놀이터에 아이들이 하나도 없을 수도 있겠지?

우리나라 인구가 지금까지 어떻게 변해 왔는지 알아보면 이런 궁금증을 해결할 수 있을 거야.

오개념 탈출 우리나라의 인구

우리나라 인구의 변화 모습을 살펴보자.

우리나라의 인구는 1949년 2천만 명을 조금 넘었고, 1984년에 4천만 명을 넘어섰으며, 2015년에는 5,100만 명을 넘어섰어.

그런데 옆의 그래프를 잘 살펴봐. 여기서 중요한 변화는 14세 이하의 어린이들은 점점 줄어들고 있고, 65세 이상의 노인은 점점 늘어나고 있다는 점이야. 이러한 변화를 저출산 고령화(低出産高齡化)라고 해. 한 마디로 아이는 잘 낳지 않고, 노인의 수는 증가하고 있다는 거지.

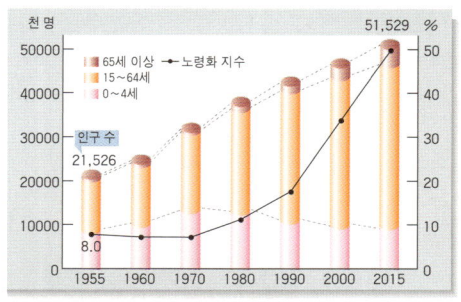
우리나라 인구 수 및 인구 구조 변화

오른쪽의 2015년 자료를 보면 우리나라 여성 1명당 평생 낳을 것으로 예상되는 자녀 수는 1.25명이래. 세계 주요 국가들 중 아이 낳지 않는 국가로 1위를 한 거지. 또 노인 인구가 늘어나는 속도도 1위를 했대. 한 연구 조사에 따르면 2015년에 우리나라의 65세 이상 노인은 전체의 13.1%였지만, 2020년 15.6%, 2030년 24.3%, 2040년 32.5%, 2050년에는 38.2%로 급속히 증가할 거래.

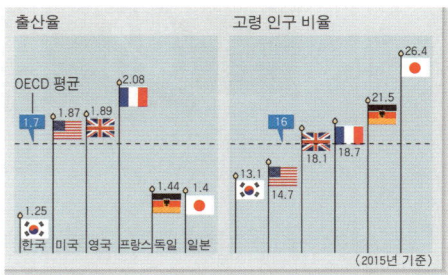
OECD 회원국의 출산율과 고령 인구 비율 순위

저출산 고령화 문제를 해결해야 해.

1980년대까지는 인구 증가가 문제였어. 그래서 정부는 국민들이 아이를 적게 낳을 것을 권장했지. '잘 키운 딸 하나, 열 아들 안 부럽다.'라는 말을 들어본 적이 있을 거야. 그런데 요즘은 저출산 고령화 문제가 심각해서 아이를 낳도록 적극적으로 권장하고 있어.

아하! 개념
- 우리나라의 인구는 지금까지는 증가해 왔다.
- 요즘은 저출산 고령화 문제를 해결하기 위해 노력하고 있다.

48 우리나라의 인구는 앞으로도 계속 증가할 것이다 (X)

도시는 모든 면에서 촌락보다 뛰어나다 (X)

> 시골은 뭐든지 불편해. 이 냄새는 또 뭐야. 도시가 최고라니까. 나랑 같이 도시에 가서 살자.

> 도시가 뭐든지 좋다더니 여긴 숨도 못 쉴 정도로 매연이 심하잖아.

궁금하다! 궁금해!

- 도시와 촌락은 각각 어떤 특징과 문제점이 있을까?
- 도시와 촌락이 함께 잘 살려면 어떻게 해야 할까?

시골에 사는 준오는 도시 친구인 정민이의 말에 호기심이 생겼어. 준오는 도시에 가서 깜짝 놀랐지. 도시 친구가 자랑하던 것은 눈에 안 들어오고 온통 오염과 복잡한 모습뿐이었거든.

정민이는 준오를 위해 그 도시에서 최고로 인기 있는 식당에 가서 점심을 먹기로 했어. 준오는 은근히 기대가 됐지. 그런데 시골에서는 너무나 흔하고 자주 먹던 유기농 채소만 잔뜩 나오는 거야.

"이런 음식은 시골에서 매일 먹는 건데. 난 우리 집 앞에 있는 밭에 가서 매일 싱싱한 채소를 뜯어서 먹고 있어."

잘난 척 하던 도시 친구는 멋쩍은 웃음을 지었지. 그러고 보면 도시가 항상 좋은 것만은 아닌 것 같아. 이제 도시와 촌락의 특징에 대해 알아볼까?

오개념 탈출 — 도시와 촌락

도시와 촌락의 특징은 서로 달라.

도시에는 사람들이 살아가는 데 필요한 물건을 만들어 내는 공장과 사무실이 많아. 또 사람과 물건들이 많이 이동하니까 도로와 철도 등의 교통 시설도 발달해 있어. 놀이 공원이나 영화를 볼 수 있는 극장도 많아서 여가 생활을 하기도 좋지. 백화점, 마트, 재래 시장 등 여러 종류의 시장도 많아.

이에 비해 농촌, 어촌, 산촌과 같은 촌락은 도시만큼 사람들이 많이 모여 살지 않기 때문에 의료·문화·교통 시설 등 여러 가지 시설이 부족해서 도시보다는 살기에 불편해. 그렇다고 살기 나쁘다는 뜻은 아니야.

우리나라는 산업이 빠른 속도로 발전하면서 인구가 도시로 몰렸어. 그러면서 도시에는 여러 가지 문제점도 생겼지. 사람들이 살 집이 부족해지면서 주택 문제가 생겼고 교통 체증, 불법 주차, 소음 공해 등 교통 문제도 심각해. 대기 오염, 수질 오염, 토양 오염 등 환경 문제가 심각하다는 건 모두들 느낄 거야. 또 범죄가 증가하는 등 사회 문제도 많아. 그래서 요즘은 많은 수는 아니지만, 깨끗하고 조용한 곳에서 살거나 건강한 생활을 위해 도시에서 촌락으로 이사를 가는 사람들도 생겼어.

도시와 촌락은 서로 도와야 해.

도시 문제를 살펴 보니 도시가 모든 면에서 촌락보다 뛰어나다고 할 수는 없다는 걸 알 수 있겠지? 도시와 촌락은 각각의 좋은 점도 있고 문제점도 있으니 서로 도와야 해. 예를 들어, 촌락은 도시에 품질 좋은 농·수·축산물을 공급하고, 도시는 촌락에서 필요한 생활용품을 생산해 공급하는 것도 좋은 방법이지. 또, 도시 사람들이 촌락의 부족한 일손을 돕기 위해 적극적으로 참여하는 것도 필요해.

아하! 개념

- 도시는 사람들이 많이 모여 살며, 생활에 편리한 시설이 많다.
- 현재 우리나라 촌락의 인구는 줄어들고 있다.
- 도시와 촌락은 서로 돕고 협력해야 한다.

49 도시는 모든 면에서 촌락보다 뛰어나다 (X)

오개념 50 | 곰은 우리의 조상이다(X)

오개념 51 | 오래된 물건은 모두 문화재다(X)

오개념 52 | 우리나라 황제는 왕보다 높다(X)

오개념 53 | 가장 오랫동안 우리나라의 도읍지였던 곳은 서울이다(X)

오개념 54 | 마패는 암행어사만 사용할 수 있었다(X)

50 곰은 우리의 조상이다 (X)

궁금하다! 궁금해!

- 우리는 과연 곰의 자손일까?
- 단군 이야기에 담긴 뜻은 무엇일까?

"어? 이상하네? 단군 이야기에는 분명히 우리 조상이 곰으로 나와 있어. 동굴에서 마늘과 쑥을 먹고 사람이 된 것도 분명 곰이잖아. 그 곰이 단군을 낳았으니 우리는 곰의 자손이 맞는데…. 왜 무대 위 사람들이 놀라고 있지?"

물론 단군 이야기에는 곰이 우리 조상이라고 나오지만, 그건 이야기일뿐이야. 나라마다 건국을 정당화하고 국민을 통솔하기 위한 신기한 내용의 건국 신화가 있어. 대부분의 신화는 인간 세계에서 일어날 수 없는 일이나, 인간의 능력을 초월하는 주인공을 내세워 '건국' 자체를 신성시하곤 하지. 우리나라도 마찬가지야.

자, 그러면 이제부터 우리의 건국 신화인 단군 이야기에 대해 살펴보도록 하자.

오개념 탈출 단군 이야기의 의미

곰이 사람이 된 것은 신화 속 이야기일 뿐이야.

모든 나라는 건국을 정당하게 만들기 위한 신화를 가지고 있어. 가령 로마의 건국 신화에는 전쟁신인 '마르스'가 나오고, 중국의 건국 신화에는 알에서 깨어나는 '반고' 이야기가 나오지.

우리나라에도 단군 이야기가 있고, 고구려 건국 신화로는 알에서 태어나는 주몽 설화가 있어. 또한 황금알에서 태어난 가야의 시조 김수로왕의 설화도 있지.

물론 이러한 신화들이 사실인가 아닌가하는 문제는 증명하기 어려운 면이 있어. 하지만 신화 중 몇 가지의 경우는 증명할 수 있는 사료들이 발견되면서 사실로 받아들여지고 있기도 해.

단군 이야기의 경우, 정사(正史)인 《삼국사기》가 아닌 《삼국유사》에 기록되어 있어서 믿기 힘든 부분도 있어. 그렇지만 학자들은 중국의 사료를 종합하여 단군 이야기를 어느 정도는 인정하고 있어.

다만 단군 이야기에 나오는 것과 같이 우리의 조상이 곰이었다고 보기는 힘들어. 곰을 숭배하는 부족과 호랑이를 숭배하는 부족 간의 대결에서 곰을 숭배하는 부족이 승리했다고 생각할 수 있어. 그리고 곰은 강인한 힘과 인내를 지닌 우리 민족을 상징한다고도 볼 수 있지.

주몽 고구려를 세운 시조로 부여의 왕 금와와 유화 부인 사이에서 태어났다.

단군영정

정사(正史) 사실을 토대로 한 역사 이야기

단군 이야기는 '홍익인간'의 뜻을 담고 있어.

단군 이야기에는 우리 민족이 나라를 만들게 된 여러 의미가 담겨 있어. 먼저 환인이 아들을 땅으로 내려 보냈다는 내용은 널리 인간을 이롭게 한다는 의미, 즉 '홍익인간(弘益人間)' 사상을 담고 있지.

또, 곰이 동굴에서 100일 동안 쑥과 마늘을 먹고 인간이 되었다는 내용은 우리 민족의 끈기와 투지를 반영하지. 뿐만 아니라 호랑이로 상징되는 다른 부족과의 대결에서 승리함으로써 통일된 국가를 만들었다는 의미도 담고 있어.

아하! 개념

- 단군 이야기 속의 곰은 우리 조상이 아니라 곰을 숭배하는 부족을 나타낸다.
- 단군 이야기는 우리나라의 건국 이념과 배경을 담고 있다.

50 곰은 우리의 조상이다 (X)

51 오래된 물건은 모두 문화재다 (X)

궁금하다! 궁금해!

- 오래된 물건은 모두 문화재일까?
- 문화재에는 어떤 것들이 있을까?

"어? 문화재는 오래된 물건이라고 알고 있는데, 오래된 컴퓨터는 왜 문화재가 아니지? 옛날의 탑이나 불상, 즉, 옛날 사람들이 쓰던 물건들은 모두 문화재가 아닌가? 내가 문화재에 대해서 잘못 알고 있는 걸까? 윽, 돼지가 귀신에게 잡히면 큰일인데…."

물론 그렇게 오해할 수도 있지. 하지만 물건이 오래되었다고 모두 문화재가 될 수 있는 것은 아니야. 문화재가 되기 위해서는 사람들이 인정할 만한 몇 가지 조건을 갖추고 있어야 해. 이를 알면 위의 궁금증이 풀릴 거야.

자, 그러면 지금부터 문화재에 대해 자세히 살펴보도록 하자.

오개념 탈출 문화재

오래되었다고 다 문화재는 아니야.

문화재는 한 나라에서 역사적, 예술적으로 가치가 있는 것을 말해. 즉, 한 나라에서 보존할 만한 가치가 있다고 생각되는 오래된 물건들이 바로 문화재야. 따라서 오래되었어도 가치가 없다면, 그 물건은 문화재가 될 수 없어.

그렇다면 보존할 만한 가치란 무엇일까? 그것은 역사적으로 중요한 사건과 관련이 있거나 예술적으로 아름다운 것 등을 말하지. 앞의 것에는 병자호란 당시 인조가 피난갔던 남한산성이나 3·1운동의 대표 유적지인 탑골 공원 등이 포함돼. 뒤의 것에는 다보탑과 석가탑, 그리고 백제와 신라의 금관 등이 포함되지. 그러니까 오래되었다고 모두 문화재는 아닌 거야. 옛날에 할아버지 할머니께서 사용하던 다듬이돌이나 절구통 등은 오래되긴 했어도 현재 남아 있는 것들이 아직 많기 때문에 보존할 필요가 없잖아. 그래서 문화재가 될 수 없는 거야.

유형문화재-고려청자

무형문화재-탈춤

문화재에는 기념물과 민속자료도 있어.

우리나라 문화재는 크게 유형문화재, 무형문화재, 기념물, 민속자료로 분류하고 있어. 유형 문화재는 역사적, 예술적으로 보존할 가치가 있는 것 중 뚜렷한 형상을 가지고 있는 것을 말해. 고려 청자나 동대문같은 것 말야. 무형 문화재는 역사적, 예술적으로 높은 가치를 지녔지만 연극, 음악, 미술처럼 뚜렷한 형상이 없는 것을 말해.

천연기념물-날다람쥐

기념물에는 옛날의 궁터와 주거지 등이 포함돼. 또 아름다운 경치를 지닌 산이나 다리도 있어. 뿐만 아니라 멸종 위기에 처한 희귀한 동식물은 천연기념물로 지정, 보호하고 있어. 그리고 민속자료에는 우리 조상의 의식주 및 행사와 관련된 서적, 그림, 글씨 등이 포함되지.

아하! 개념
- 문화재가 되려면 역사적, 예술적으로 보존할 만한 가치가 있어야 한다.
- 문화재에는 유형·무형 문화재 및 기념물과 민속자료가 있다.

우리나라 황제는 왕보다 높다 (X)

궁금하다! 궁금해!

- 황제가 왕보다 높을까?
- 우리나라 최초의 황제는 누구일까?

"세종 대왕이나 고종 황제 모두 우리나라의 왕이지. 그런데 '왕'과 '황제'의 차이점이 뭐지? 서로 같은 뜻인데 그냥 다르게 부르는 것 아닌가? 왕이나 황제는 모두 나라의 가장 높은 사람을 부르는 이름이잖아? 어떤 차이점이 있을까?"

왕과 황제는 한 나라에서 가장 높은 사람을 부르는 말이야. 일반적으로 황제는 왕보다 높은 위치에 있거나 더 넓은 나라를 다스리는 사람의 의미로 쓰였어. 하지만 우리나라에서 황제라는 칭호를 사용하게 된 배경은 다른 나라와 약간 달라. 이를 알면 아마 위의 궁금증이 풀릴 거야.

자, 지금부터 우리나라의 왕과 황제의 차이에 대하여 자세히 살펴보도록 하자.

오개념 탈출 — 왕과 황제의 의미

중국에서는 왕보다 높은 개념으로 황제를 사용했어.

왕과 황제는 언뜻 생각하면 같아 보이지만, 사실 그렇지 않아. 황제는 원래 중국 진시황 때부터 생긴 말이야. 진시황은 항상 왕보다 더 높고 근사한 뜻을 가진 말로 불리기를 원했어. 그래서 나라를 쪼개어 자신의 친척들을 왕으로 삼고는 밑에 두었지. 이렇게 보면 왕은 황제보다 낮거나 작은 나라를 다스리는 사람이라고 할 수 있어.

사대 약자가 강자를 섬김

그런데 우리나라에서는 상황이 조금 달라. 역대 왕들은 중국과 사대 관계를 맺었기 때문에 황제라는 명칭을 사용하지 못했어. 고구려의 광개토 대왕이 황제로 불렸다는 예외적인 기록이 있기는 하지만 공식적인 입장은 아니었어. 대체로 우리나라에서 최고의 지도자는 '왕'으로 불렸어. 중국이라는 큰 나라 옆에서 살아야 했던 작은 나라의 안타까운 역사라고도 할 수 있지.

우리나라 최초의 황제는 고종 황제야.

공식적인 우리나라 최초의 황제는 대한 제국의 고종 황제야. 고종은 대한 제국이 중국으로부터 벗어난 독립된 나라이기를 원했기 때문에 '황제'라는 칭호와 '건양', '광무' 등의 독자적인 연호를 사용했어.

연호 해의 차례를 나타내기 위해 붙이는 이름

고종 황제

그러나 대한 제국이 겉으로는 중국으로부터 벗어난 독립 국가처럼 보였지만, 사실은 또 다른 외세인 일본에 나라를 빼앗기기 직전의 위기에 처해있었다는 사실을 잊으면 안 돼.

'황제'니 '왕'이니 하는 명칭보다는 실제로 그 나라가 얼마나 독립할 만한 힘을 가지고 있는지가 중요한 거야.

불행히도 대한 제국의 고종 황제는 황제라는 칭호가 무색할만큼 강한 힘을 갖지 못했어.

아하! 개념

- 중국과 달리 우리나라에서는 최고의 지도자를 '왕'으로 표현했다.
- 고종은 우리나라 최초로 황제란 칭호를 사용했지만, 왕권은 강하지 못했다.

오개념 53 가장 오랫동안 우리나라의 도읍지였던 곳은 서울이다 (X)

궁금하다! 궁금해!

- 가장 오랫동안 우리나라의 도읍지였던 곳은 어디일까?
- 서울 외에 우리나라의 옛 도읍지로는 어디가 있을까?

"서울이 우리나라의 도읍지가 된 지 600년이 넘었는데, 서울보다 더 오래된 도읍지가 있단 말이야? 분명 서울은 조선 건국 후 줄곧 우리나라의 수도였다고 알고 있는데…. 서울보다 더 오래된 수도가 있다니 놀라운 일인 걸?"

그렇게 생각할 수도 있지. 서울은 태조 이성계가 조선을 세운 4년 뒤인 1396년부터 우리나라의 수도였으니 말이야. 그런데 찾아보면 우리나라에는 서울만큼 오래된 도읍지가 많아. 심지어는 서울보다 오랫동안 도읍지였던 곳도 있지. 이를 알면 아마 궁금증이 풀리게 될 거야.

자, 지금부터 우리나라의 도읍지에 대하여 자세히 살펴보도록 하자.

오개념 탈출 — 우리나라의 도읍지

서울은 가장 오래된 도읍지가 아니야.

우리나라 수도하면 가장 먼저 떠오르는 곳이 서울이지만, 사실 우리나라에서 가장 오래된 도읍지는 경주(금성)야. 경주는 삼국 시대 신라의 수도였어. 신라가 건국된 시기가 기원전 57년이고, 삼국을 통일한 후 고려의 왕건에게 멸망한 것이 918년이니, 신라의 수도였던 경주는 무려 1000년 동안 우리나라의 도읍지였던 거지.

지금도 경주에 가면 불국사를 비롯해 다보탑, 석가탑, 석굴암 등 수많은 문화재를 볼 수 있어. 때문에 경주는 우리나라 학교에서 수학여행을 가장 많이 가는 곳이기도 해.

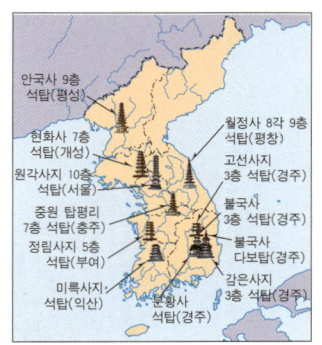
옛 도읍지의 문화재들

물론 서울도 600년 넘게 조선과 대한민국의 수도였으니 대단하지. 서울에도 경복궁과 창덕궁, 창경궁 등 많은 문화재가 있잖아. 하지만 알아둬. 우리나라에서 가장 오랫동안 도읍지였던 곳은 바로 경주야.

평양, 개성, 공주도 옛 도읍지였어.

경주와 서울 외에 또 다른 대표적인 도읍지로는 평양과 개성, 그리고 공주가 있어. 평양은 고구려의 수도였지. 다음으로 개성은 고려의 수도였어. 옛날에는 개경이라고 불렸지. 또 공주(웅진)와 부여(사비)는 백제의 수도였어. 공주의 무령왕릉과 부여의 정림사지 5층 석탑 등은 백제의 대표적인 문화재야.

이 밖에 발해의 수도로 상경이 있어. 발해가 우리나라 역사인 것은 분명하지만 상경은 현재 우리나라 땅이 아니야.

옛 도읍지

아하! 개념

- 우리나라에서 가장 오랫동안 도읍지였던 곳은 신라의 수도, 경주이다.
- 우리나라의 옛 도읍지에는 서울과 경주, 평양, 개경, 공주 등이 있다.

53 가장 오랫동안 우리나라의 도읍지였던 곳은 서울이다 (X)

오개념 54. 마패는 암행어사만 사용할 수 있었다 (X)

궁금하다! 궁금해!

- 마패는 암행어사만 사용했을까?
- 마패에는 어떤 내용이 담겨 있을까?

"저 사람은 너무 뻔뻔한데? 마패는 암행어사가 임금님의 명을 받고 탐관오리를 벌줄 때 쓰는 물건이잖아. 암행어사의 신분증이나 마찬가지인 마패를 암행어사도 아니면서 마구 사용해 놓고, 억울하다니!"

일반적으로 마패는 암행어사만 가지고 있었다고 생각하지? 암행어사가 출두할 때 마패를 사용한 것은 맞아. 하지만 마패를 암행어사만 사용했던 것은 아니야. 마패는 나랏일을 보는 관리들이 출장을 갈 때도 사용했는데, 이를 알면 아마 위의 궁금증이 금세 풀릴 거야.

자, 지금부터 마패에 대해 자세히 살펴보도록 하자.

오개념 탈출 — 마패

마패는 암행어사만 사용한 것이 아니었어.

조선 시대 암행어사들은 역졸들과 함께 '암행어사 출두야!'라고 외치면서 백성들을 괴롭히는 탐관오리들을 벌주곤 했어. 이 때 사용되었던 것이 바로 마패지.

하지만 마패는 암행어사 뿐만 아니라 나랏일을 맡던 관리들이 지방에 출장을 갈 때 숙박을 해결하거나 교통수단을 해결하던 중요한 수단이기도 했지. 일종의 신분증과 같았어.

옛날에는 오늘날처럼 교통이 발달하지 않아 지방에 출장을 가려면 주로 말을 타고 갔어. 특히 왕의 명령을 받고 급히 어딘가를 가야할 때는 말이 중요한 교통수단이었지.

때문에 출장을 위해 말이 필요할 경우, 관리들은 역에 가서 마패를 제시하면 말을 빌릴 수 있었지. 뿐만 아니라 말에게 먹이를 주고, 잠을 재울 장소가 필요할 때에도 관리들은 역에 가서 마패를 제시하고 혜택을 제공받을 수 있었어.

암행어사 왕의 명을 받고 지방의 관리들을 감시하던 임시벼슬

마패(앞면)

말의 수는 관리의 등급을 나타냈어.

마패의 앞면에는 여러 마리의 말이 새겨져 있는데, 새겨진 말의 수는 관리가 빌릴 수 있는 말의 수와 같아. 말의 수는 1마리에서 10마리까지 그려져 있는데, 관리의 등급이 높을수록 빌릴 수 있는 말의 수가 많아지는 거지.

보통 암행어사의 마패에는 말 3마리가 그려져 있기 때문에 '삼마패'라고 불렸어. 마패의 뒷면에는 제작한 날짜와 제작한 곳, 그리고 도장이 찍혀져 있지.

이제 마패는 암행어사가 탐관오리를 처벌할 때 뿐만 아니라, 일반 관리들이 출장을 갈 때에도 사용하던 신분증이었다는 걸 알겠지?

아하! 개념

- 마패는 암행어사 뿐만 아니라 왕의 명을 받은 관리들이 지방으로 출장갈 때 사용하던 신분증이다.
- 관리의 등급에 따라 마패에 새겨진 말의 수가 달랐다.

용어 찾아보기

ㄱ

가격	57, 63
가족	23
가정	23
가치	61
건국 신화	125
경제 활동	51, 59
계	27
계절	109
고랭지 채소	117
고종 황제	129
공공 기관	91
관습	93
군대	21
근로 소득	67
금속 화폐	59
기본권	87
기호	103
기후	107, 109

ㄴ

날씨	107
노동	33
님비 현상	97

ㄷ

다수결의 원칙	89
단군 이야기	125
대가족	23
대출 이자	73
대형할인점	55
도구	39
도덕	93
도시	121
도읍지	131
도표	19
독신 가정	23

돈	60, 61
등고선	103

ㅁ

마패	133
문화재	127
물가	61
물물교환	59
물품 화폐	59
민속놀이	31
민주 시민	95

ㅂ

방위	103
백화점	55
법	93
보통 선거	79
봉수	43
부가 가치세	75
부동산 임대 소득	67
분배 활동	51, 52
분업	65
비밀 선거	79

ㅅ

사막화	113
사업 소득	67
사회 규범	93
사회권	87
산간 지역	117
산성비	113
생산 활동	51, 52, 67
선거	79
선거권	79
세금	75
소득	67
소비 활동	51, 53

시민 단체	80	지방 자치	83
시민의식	95	지방 자치 단체	83
시의회	85	지역 이기주의	97
시장	55	지폐	59
시청	85	지형	115
신용 카드	59	직업	65
		직접 선거	79

ㅇ

암행어사	133		
여가 생활	35, 37	참정권	87
예금 이자	73	철도	41
예절	25	청구권	87
왕	129	촌락	121
유통	63	축척	103
의식주	47		
이자 소득	67		
인구	119	통계표	19
인터넷	17	통신 수단	43
인터넷 쇼핑몰	55		
일반도	101		
		파발	43
		판매 수입	57

ㅈ

자연	111	평등권	87
자연재해	105	평등 선거	79
자연환경	117	평야 지역	117
자유권	87	핌비 현상	97
재산 소득	67		
저축	53, 71	해안 지역	117
전통문화	29	핵가족	23
전통 문화 축제	45	헌법	87
정보	17	호우	105
주제도	101	홍익인간	125
중부 지방	115	환경 문제	113
증기 기관차	41	황제	129
지구 온난화	113		
지구촌	113		
지도	103		

사회 문화

01	인터넷 정보는 모두 옳다.	6-2 4. 변화하는 세계 속의 우리
02	도표는 통계표의 줄임말이다.	4-2 3. 지역 사회의 발전
03	군대는 남자만 가는 곳이다.	4-2 2. 사회 변화와 우리 생활
04	3세대 가정은 모두 대가족이다.	
05	옛날 사람들에 비해 오늘날 사람들은 예의가 없다.	3-2 2. 달라지는 생활 모습
06	계는 요즘 유행하는 모임 형태이다.	5-1 4. 우리 사회의 과제와 문화 발전
07	오래 된 것은 모두 전통 문화이다.	3-2 2. 달라지는 생활 모습
08	민속놀이는 옛날 어린이가 했던 놀이이다.	
09	춤추고 노래하는 것은 노동이 아니다.	4-2 1. 경제생활과 바람직한 선택
10	노는 게 여가 생활이다.	4-2 2. 사회 변화와 우리 생활
11	옛날 사람들은 여가 생활을 하지 않았다.	3-2 2. 달라지는 생활 모습
12	옛날 생활 도구는 오늘날 생활 도구보다 모두 나쁘다.	3-2 3. 다양한 삶의 모습들
13	증기 기관차는 조선 시대에도 있었다.	3-2 2. 달라지는 생활 모습
		6-1 1. 조선 사회의 새로운 움직임
14	옛날에는 과학이 발달하지 않아 소식을 주고받지 못했다.	3-2 2. 달라지는 생활 모습
		3-2 3. 다양한 삶의 모습들
15	어느 고장에나 전통 문화 축제가 꼭 있다.	3-2 2. 달라지는 생활 모습
16	우리가 살아가는 데에는 의식주 중 하나만 있어도 된다.	3-2 3. 다양한 삶의 모습들

경제

17	경제 활동은 어른들만 한다.	
18	인터넷 쇼핑몰은 시장이 아니다.	
19	물건의 가격이 오르면 판매자는 더 많은 수입을 얻을 수 있다.	
20	돈을 만든 건 부자가 되기 위해서였다.	4-2 1. 경제생활과 바람직한 선택
21	돈의 가치는 변하지 않는다.	5-1 3. 우리 경제의 성장과 발전
22	물건은 어느 곳에서나 같은 가격에 판매해야 한다.	
23	나누어 일하는 것보다 각자 일하는 것이 더 효과적이다.	
24	회사에 다녀야만 소득을 얻을 수 있다.	

25 돈을 얻기 위해 하는 일은 모두 직업이다.	4-2 1. 경제생활과 바람직한 선택
26 가지고 있는 돈을 모두 저축하는 것이 합리적이다.	5-1 3. 우리 경제의 성장과 발전
27 돈을 저축할 때와 빌릴 때의 이자는 같다.	
28 어린이들은 세금을 내지 않는다.	

정치

29 대한민국 국민이라면 누구나 대통령 선거에 참여할 수 있다.	
30 시민 단체는 정부의 정책을 방해만 한다.	
31 우리 고장은 대통령이 직접 다스린다.	
32 시청과 시의회에서는 같은 일을 한다.	4-1 3. 민주주의와 주민자치
33 헌법은 우리 생활과 관련이 적다.	4-2 3. 지역 사회의 발전
34 민주주의에서는 다수의 의견을 반드시 따른다.	6-2 1. 우리나라의 민주 정치
35 공공 기관은 어른들만 이용하는 곳이다.	
36 규범은 사람들의 자유를 제한하기만 한다.	
37 나라의 정책을 항상 잘 따르는 사람이 시민 의식이 높다.	
38 민주주의가 발달할수록 지역 사회 문제가 적다.	

지리

39 지도는 그림이다.	3-1 1. 우리가 살아가는 곳
40 지도는 방위만 알면 제대로 읽을 수 있다.	
41 계절별, 지역별로 모두 같은 자연재해가 일어난다.	
42 날씨와 기후는 같은 말이다.	5-1 1. 살기 좋은 우리 국토
43 계절이 바뀌어도 생활 모습은 바뀌지 않는다.	5-1 2. 환경과 조화를 이루는 국토
44 인간은 자연을 극복할 수 없다.	
45 다른 나라의 환경 문제는 우리나라와 상관없다.	6-2 2. 이웃 나라의 환경과 생활 모습 6-2 3. 세계 여러 지역의 자연과 문화
46 우리나라 지형은 서쪽이 높고 동쪽이 낮다.	3-2 1. 우리 지역, 다른 지역 4-1 1. 촌락의 형성과 주민 생활

47	자연환경이 달라도 사람들의 생활 모습은 모두 같다.	3-2 1. 우리 지역, 다른 지역
		4-1 1. 촌락의 형성과 주민 생활
48	우리나라의 인구는 앞으로도 계속 증가할 것이다.	4-1 2. 도시와 발달과 주민 생활
49	도시는 모든 면에서 촌락보다 뛰어나다.	4-1 1. 촌락의 형성과 주민 생활
		4-1 2. 도시의 발달과 주민 생활

역사

50	곰은 우리의 조상이다.	5-2 1. 우리 역사의 시작과 발전
51	오래된 물건은 모두 문화재다.	5-1 4. 우리 사회의 과제와 문화 발전
52	우리나라 황제는 왕보다 높다.	5-2 교과 전체
53	가장 오랫동안 우리나라의 도읍지였던 곳은 서울이다.	6-1 교과 전체
54	마패는 암행어사만 사용할 수 있었다.	

정답과 해설

10~13쪽

사회 문화
1. O 2. O 3. X 4. X 5. O 6. X
7. X 8. X 9. O 10. X 11. X 12. O 13. X 14. O
15. X 16. O 17. O 18. O 19. X 20. X 21. X

경제
22. X 23. O 24. O 25. X 26. X 27. X 28. O
29. O 30. X 31. X 32. X 33. O 34. O 35. X 36. X
37. O 38. X 39. X 40. X 41. X 42. O

정치
43. X 44. O 45. X 46. O 47. X 48. O 49. X
50. O 51. X 52. X 53. O 54. X 55. X 56. O 57. O
58. X 59. X 60. X 61. X 62. O

지리
63. X 64. X 65. O 66. X 67. X 68. O 69. X
70. X 71. X 72. O 73. O 74. X 75. X

역사
76. O 77. X 78. X 79. X 80. X 81. O

거꾸로 사회1

글 김영주, 김종훈, 민윤, 이준혁, 장혜정
그림 박영아
사진 국립중앙박물관(133쪽 마패, 중박200905-214), 서문당, 연합뉴스, 포토스탁
감수 남상준

1판 1쇄 발행 2009년 6월 25일
개정 2판 1쇄 발행 2016년 4월 18일

펴낸이 김영곤 **펴낸곳** ㈜북이십일 아울북
교육출판팀장 신정숙
기획개발 이장건
영업마케팅 안형태 이정호 김창훈 오하나 김은지

출판등록 2000년 5월 6일 제 406-2003-061호
주소 (우 10881) 경기도 파주시 회동길 201(문발동)
전화 031-955-2167(영업마케팅) 031-955-2157(기획편집) 031-955-2177(팩스)
홈페이지 www.book21.com

ISBN 978-89-509-6436-8 74400
Copyright ⓒ ㈜북이십일 아울북, 2016
책값은 뒤표지에 있습니다.

이 책 내용의 일부 또는 전부를 재사용하려면 반드시 ㈜북이십일의 동의를 얻어야 합니다.
잘못 만들어진 책은 구입하신 서점에서 교환해 드립니다.